JN243646

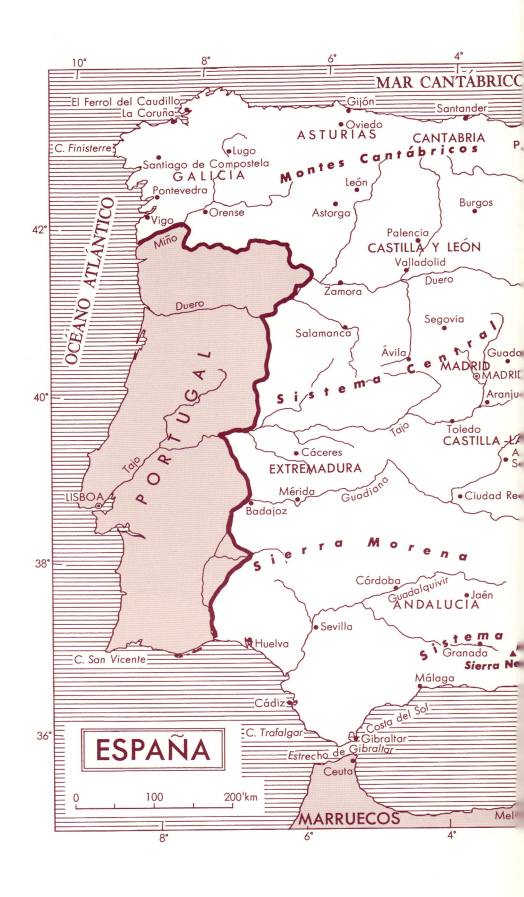

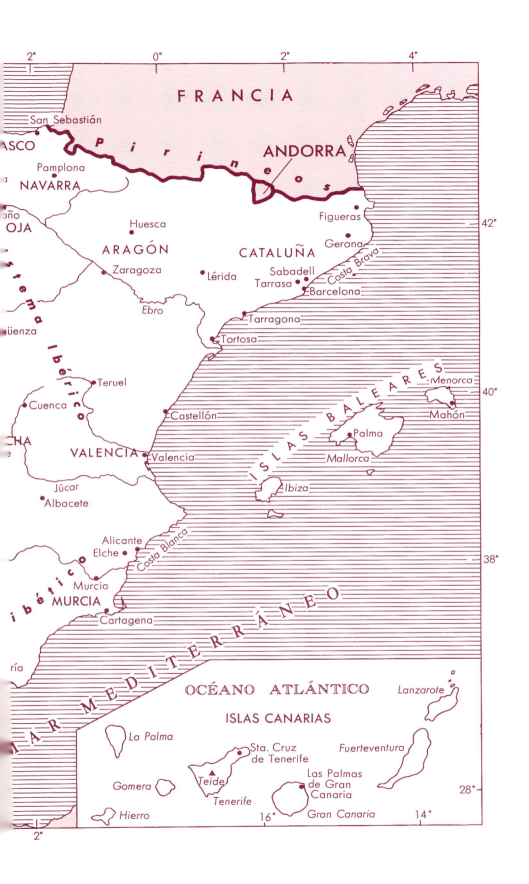

El mundo hispanohablante
A VISTA DE PÁJARO

Takashi Ushijima
Rafaelina Iwasaki

HAKUSUISHA

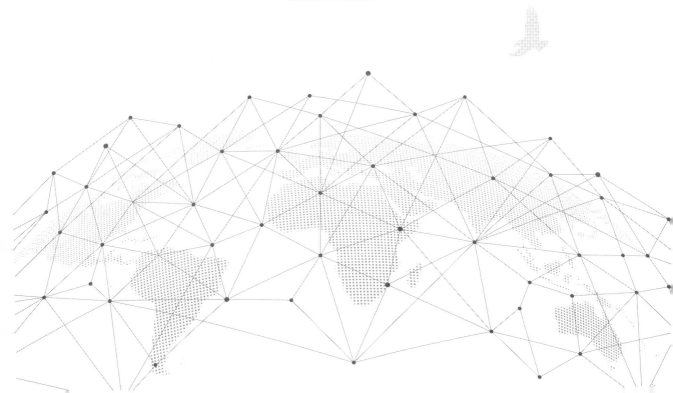

──── 音声ダウンロード ────

  この教科書の音源は、白水社ホームページ（www.hakusuisha.co.jp/news/n58773.html）からダウンロードすることができます。（お問い合わせ先：text@hakusuisha.co.jp）

装丁：阿部賢司（silent graph）
吹込：岩崎ラファエリーナ

は じ め に

El mundo hispanohablante A VISTA DE PÁJARO（『鳥瞰する世界のスペイン語圏』）は、スペイン語圏をより身近に感じ、スペイン語の運用能力を高め、スペイン語圏のかかえる諸問題を考察するために役立つ情報をまとめたものです。そして今日の大学生がスペイン語を学ぶ理由や目的は様々であることを踏まえて、現代スペイン語圏の国々の文化、歴史、社会、政治、経済の状況について、多角的に問題を取り上げています。

本書は大学レベルの中級スペイン語コースでの使用を想定して、ヨーロッパ大陸（スペイン）、アフリカ大陸（赤道ギニア）、アメリカ大陸のスペイン語圏（14の国と地域）の、全16ユニットで構成されています。各ユニットでは、各国のトピックを2、3取り上げます。それぞれのユニットは内容的に独立しているので、必要なトピックだけ選んで学習することもできます。

各リーディングの後には注（Notas）があり、これがリーディングの理解を深めることになるでしょう。ディスカッションをしたり、その後に続く質問に取り組んだりするために不可欠な情報を提供しています。さらに語彙（Vocabulario）には、辞書では調べにくい重要な語句の意味が取り上げられています。政治、経済などの社会科学の用語や国際社会を知るうえで必要なキーワードもたくさん出てきます。このセクションの主な目的は、語彙を増やし、正しく使えるようにすることです。そして各ユニットの最後には、リーディングの内容を理解したかどうかを確認するための質問（Preguntas）を設定してあります。

スペイン語が話されている世界で現在起こっている様々な出来事を、スペイン語を介して理解することがとても大切だと私たちは考えています。多様な興味や背景を持つ学生たちが、クラスでこれらの読み物の内容についてディスカッションしたり、さらに自分で文献等を調べて探究したりするなど、本書がその指針となることを願っております。

2024 年秋

著　者

ÍNDICE 目 次

はじめに *3*

Europa

1 **España** スペイン *6*

Inmigración latinoamericana en España　スペインへのラテンアメリカからの移民

África

2 **Guinea Ecuatorial** 赤道ギニア *10*

El idioma español en África　アフリカにおけるスペイン語

Más de 40 años de dictadura　40年以上の独裁政権

América Latina

3 **Argentina** アルゼンチン *14*

Eva Perón: su historia　エバ・ペロンとその歴史

4 **Bolivia** ボリビア *18*

Lucha contra la hoja de coca　コカの葉との戦い

5 **Chile** チリ *22*

La lucha de los mapuches　マプチェの闘争

6 **Colombia** コロンビア *26*

Guerrillas en Colombia　コロンビアのゲリラ

7 **Costa Rica** コスタリカ *30*

Constitución costarricense　コスタリカ憲法

8 **Cuba** キューバ *34*

Revolución cubana y su impacto　キューバ革命とその影響

9 **El Salvador** エルサルバドル *38*

La Mara Salvatrucha　マラ・サルバトルチャ

10 **México** メキシコ *42*

Violencia y narcotráfico　暴力と麻薬密売

11　Panamá　パナマ　*46*

El Canal de Panamá　パナマ運河

12　Paraguay　パラグアイ　*50*

Dos guerras internacionales　2つの国際戦争

Presencia japonesa en Paraguay　パラグアイにおける日本のプレゼンス

13　Perú　ペルー　*54*

El lago Titicaca　チチカカ湖

Líneas de Nazca　ナスカの地上絵

14　Puerto Rico　プエルトリコ　*58*

¿Por qué Puerto Rico es territorio de Estados Unidos?
　なぜプエルトリコはアメリカの領土なのか？

¿Inglés o español?　スペイン語か英語か？

15　Uruguay　ウルグアイ　*62*

Una nación de fútbol　サッカーの国

4 vacunos por habitante　国民1人当たり牛4頭

16　Venezuela　ベネズエラ　*66*

Hiperinflación / Devaluación de la moneda　ハイパーインフレ／平価切り下げ

España

◀02 Cuna[(1)] de la lengua española, España es conocida por[(i)] sus monumentos históricos y su famosa arquitectura. Este país es el centro del flamenco y los toros y tierra natal de muchos escritores y artistas famosos como Cervantes, Lorca y Picasso. También es un país de ricos recursos turísticos[(2)] y variada gastronomía[(3)].

Está situada en el suroeste de Europa. Junto con Portugal forma la Península Ibérica. Con una superficie de 505 956 km², es el cuarto país más grande de Europa después de Rusia, Ucrania y Francia. Tiene una población de más de 48 millones, de los cuales más de 3 millones viven en la capital, Madrid.

España es la única monarquía[(4)] del mundo hispanohablante. En 1960, Francisco Franco nombró a Juan Carlos I heredero al trono de España, restaurando la dinastía borbónica[(ii)]. En 1975, cuando finalizó la dictadura de Franco (1939–1975), Juan Carlos I y Sofía se convirtieron en[(5)] reyes de España. Juan Carlos I devolvió el poder al pueblo y mantuvo la transición de la dictadura a la democracia. A partir de[(6)] 2008, Juan Carlos I se enfrentó a[(7)] varios escándalos y acusaciones de corrupción[(8)] que le obligaron a abdicar[(9)]. En junio de 2014 su hijo Felipe, Príncipe de Asturias[(iii)], heredó[(10)] el poder como el rey Felipe VI. La hija mayor de Felipe VI, la infanta[(11)] Leonor, es la futura heredera y ha recibido el título de "Princesa de Asturias".

◀03 **Inmigración latinoamericana en España**

España es un país abierto a la inmigración, con visados más fáciles de obtener gracias a[(12)] su ley de extranjería. El aumento de la inmigración extranjera ha provocado un incremento significativo de la población residente en España.

La población extranjera en España ha aumentado no solo en cantidad, sino también[(13)] en diversidad de nacionalidades. Marruecos es el país con mayor número de inmigrantes en España, seguido de nacionalidades latinoamericanas como Colombia, Venezuela, Honduras, Ecuador y Perú.

Millones de latinoamericanos viven fuera de sus países. La mayoría de los emigrantes del mundo proceden de[14] América Latina. España y Estados Unidos favorecen[15] a los migrantes latinoamericanos. Muchos son emigrantes que buscan oportunidades de empleo, mientras que otros huyen[16] de crisis económicas, políticas y sociales en sus países de origen. Como la mayor parte de Sudamérica es hispanohablante, la migración a España es mucho más fácil sin necesidad de aprender otro idioma.

Según el Instituto Nacional de Estadística (INE)[17], en España viven aproximadamente 1,5 millones de latinoamericanos, aunque se estima que la cifra real es mucho mayor. La mayoría de los emigrantes latinoamericanos se concentran en Madrid, País Vasco[iv], Canarias, Cataluña y Valencia. Forman una población joven, con una edad media estimada de 36 años. Inicialmente, muchos de ellos trabajaban en empleos poco cualificados[18], pero su nivel de estudios era comparable al de los trabajadores españoles. Hoy son jóvenes competentes en ocupaciones técnicas y profesionales. Cada vez más personas[19] con estudios superiores van a España para mejorar su calidad de vida y la de sus familias.

Las remesas[20] que estos emigrantes envían a sus familias son una importante fuente de ingresos[21] en las economías de varios países. Sin embargo, su impacto puede ser negativo para el país de origen, ya que pueden contribuir a[22] la falta de ahorro y a la reducción de los esfuerzos productivos de las familias receptoras de las remesas.

Las emigraciones también pueden provocar una fuga de cerebros[23] y de recursos humanos[24] que vienen a España en busca de mejores condiciones, pero que luego se encuentran con trabajos no cualificados en los que no pueden utilizar sus conocimientos. Además, para los trabajadores españoles supone una mayor competencia desleal, ya que los trabajadores latinoamericanos son contratados por empresarios españoles con salarios más bajos.

Mientras tanto[25], los trabajadores extranjeros son necesarios en muchas de las industrias españolas como la construcción y la agricultura. Han contribuido a neutralizar el descenso de la población y la tasa de natalidad[26] de España. También han creado nuevos consumidores e impulsado la economía.

Notas

(i) es conocida por：ser ＋ 過去分詞（性数の一致が必要）受身表現。por「〜として」

(ii) restaurando la dinastía borbónica：ブルボン家の復活。ハプスブルク家スペインはカルロス 1 世（治世 1516–56）に始まったが、18 世紀になるとブルボン家のフェリペ 5 世（治世 1700–24、24–46）が即位した。スペイン継承戦争（1701–14）以降、第二共和政が樹立した 1931 年にアルフォンソ 13 世が退位するまで王政は続いた。しかし、スペイン内戦（1936–39）が始まったために、第二共和政は 1939 年に崩壊する。その後フランコ将軍の独裁制が 1975 年まで続いた。1975 年以降のスペインの民主化に合わせて、ブルボン王朝が復活し、現在に至る。

(iii) Príncipe de Asturias：アストゥリアス公。スペイン国王の推定相続人に与えられる称号。スペイン皇太子。

(iv) País Vasco：バスク自治州。ちなみにスペインは、17 の自治州（comunidad autónoma）と、アフリカのモロッコと国境を接する 2 つの自治都市セウタとメリーリャから構成されている。

📖 Vocabulario

(1)	cuna	発祥地
(2)	recursos turísticos	観光資源
(3)	gastronomía	美食
(4)	monarquía	君主制
(5)	se convirtieron en 〜	〜になった（convertirse en 〜）
(6)	a partir de 〜	〜以来
(7)	se enfrentó a 〜	〜に直面した（enfrentarse a 〜）
(8)	acusaciones de corrupción	汚職の告発
(9)	abdicar	退位する
(10)	heredó	相続した（heredar の直説法点過形）
(11)	infanta	王女
(12)	gracias a 〜	〜のおかげで
(13)	no solo 〜 sino también ...	〜だけでなく…もまた
(14)	proceden de 〜	〜に由来する、〜の出自である
(15)	favorecen	ひいきにする、味方する
(16)	huyen	逃げる（huir の直説法現在 3 人称複数形）
(17)	Instituto Nacional de Estadística (INE)	スペイン統計局
(18)	poco cualificados	非熟練の
(19)	cada vez más personas 〜	ますます多くの人が〜
(20)	remesas	送金
(21)	fuente de ingresos	収入源

(22)	contribuir a ～	～の原因になる
(23)	fuga de cerebros	頭脳流出
(24)	recursos humanos	人的資本
(25)	mientras tanto	その一方
(26)	tasa de natalidad	出生率

💬 Preguntas

1. ¿Qué hace única a España?

2. ¿Quién eligió a Juan Carlos I como Rey de España?

3. ¿Cuántos años duró el reinado de Juan Carlos I?

4. ¿Cuál es el país con más inmigrantes en España?

5. ¿Por qué motivos emigran los latinoamericanos de sus países?

6. ¿Dónde se encuentran la mayoría de los latinoamericanos en España?

7. ¿Cuál es la edad media de los inmigrantes en España?

8. ¿Cuáles son los efectos negativos del envío de remesas?

9. ¿Por qué algunos españoles consideran a los trabajadores inmigrantes competencia desleal?

10. ¿Qué industrias tienen mayor demanda de trabajadores inmigrantes?

Guinea Ecuatorial

◀06   Guinea Ecuatorial está situada en la costa occidental de África, cerca del ecuador[1]. El país está dividido en dos partes: la Guinea Ecuatorial continental, llamada Río Muni, y la Isla de Guinea Ecuatorial, que tiene cinco islas frente a la costa. La isla más grande es Bioko, donde se encuentra[2] la capital del país, Malabo. Guinea Ecuatorial tiene un clima cálido y húmedo durante todo el año. Tiene una población de más de 1,7 millones de habitantes. Guinea Ecuatorial es uno de los países con menor superficie de África. Tiene 28 052 km².

A pesar de[3] su pequeño tamaño, Guinea Ecuatorial posee muchas maravillas naturales. Es uno de los países menos visitados del mundo, con paisajes relativamente vírgenes. La abundante fauna[4] del país incluye gorilas, chimpancés[5], leopardos[6], búfalos[7], roedores[8], hipopótamos[9], cocodrilos[10] y varias especies de serpientes[11]. También posee petróleo y gas.

◀07 **El idioma español en África**

Desde 1968, Guinea Ecuatorial es el único país de África donde el español es la lengua oficial. Lo habla alrededor del[12] 85% de la población, el dialecto local se conoce como español ecuatoguineano y es la lengua utilizada en escuelas, oficinas públicas, privadas, gubernamentales y en la comunicación diaria.

España invadió este país en los siglos XVII y XIX, pero Guinea obtuvo su independencia en 1968. La mayoría de los hispanohablantes nativos se encuentran en las grandes ciudades, donde la influencia de las lenguas tradicionales locales es mínima. Los jóvenes hablan y escriben bien el español, pero hay ligeras diferencias gramaticales y de pronunciación con el español de España.

El español no es la única lengua hablada en el país. El francés y el portugués también son lenguas oficiales. Tanto el francés como el portugués se enseñan[i] en las escuelas, y el francés es obligatorio, pero ninguno de los dos está muy extendido. En Guinea Ecuatorial se hablan otras doce lenguas locales.

Los estudiosos de Guinea Ecuatorial llevan tiempo prediciendo[ii] que el español será superado algún día[13] por el francés, que se habla en los países vecinos y se está convirtiendo en la lengua de los negocios. Hoy en día[14], la cultura de Guinea Ecuatorial tiene muchas influencias españolas y costumbres autóctonas[15]. La comida está influenciada tanto por[iii] la cocina africana como por la española, y la música folclórica tradicional está resurgiendo[iv]. Con su mezcla de historia, cultura y paisajes vírgenes, Guinea Ecuatorial es una gran aventura en África para practicar español.

Más de 40 años de dictadura

◀08

Guinea Ecuatorial, fue colonia portuguesa durante siglos y una de las colonias africanas de España de 1778 a 1968, solo ha tenido dos presidentes desde que se independizó de España: Francisco Macías gobernó como dictador durante 10 años. En 1979, su sobrino, Teodoro Obiang, se hizo con[16] el poder derrocando[17], asesinando[18] y ejecutando[19] a su tío en un golpe de Estado[20].

Guinea Ecuatorial es uno de los principales productores de petróleo de África y sus reservas de crudo[21] son ahora la principal fuente de ingresos del país. Aunque el petróleo ha ayudado a modernizar partes del país, la mayoría de la población sigue viviendo[v] en la pobreza. Los políticos y la familia Obiang han obtenido enormes riquezas con la explotación petrolífera[22] y viven rodeados de lujos[23], mientras que la mayoría de la población vive de la agricultura y sin agua potable[24]. El petróleo ha traído la corrupción[25] y la desigualdad social[26].

Desde que Teodoro Obiang llegó al poder se han producido asesinatos políticos, desapariciones forzadas[27], y torturas en prisión[28]. Grupos de derechos humanos[29] han descrito a Teodoro Obiang como uno de los dictadores más abusivos[30] de África. En 2021, la revista económica española Forbes anunció que el patrimonio del presidente Obiang superaría los 600 millones de euros. Su hijo, Teodoro Nguema Obiang, es vicepresidente del país y aspira a continuar la dinastía.

Según los resultados de las elecciones presidenciales de noviembre de 2022, Obiang volvió a ganar con el 94,9% de los votos válidos emitidos, iniciando un nuevo mandato de siete años. En Guinea Ecuatorial solo pueden existir partidos controlados por el gobierno de Teodoro Obiang. Su gobierno también controla los medios de comunicación[31]. Sin embargo, en los últimos años, con la llegada de Internet y los medios online, muchas noticias han escapado al control del gobierno[32].

Notas

(i) se enseñan：se＋3人称単数もしくは複数動詞で受け身を表す。

(ii) llevan tiempo prediciendo：llevar＋時間（期間）＋現在分詞　〜前からずっと（現在にいたるまで）…し続けている。

(iii) está influenciada tanto por 〜：（estar＋過去分詞［性数一致が必要］は状態を表す）

(iv) está resurgiendo：estar＋現在分詞　〜し続ける。

(v) sigue viviendo：seguir＋現在分詞　〜し続ける。

📖 Vocabulario

(1)	ecuador	赤道（Ecuador は「エクアドル」という南米の一国）
(2)	se encuentra	〜がある（encontrarse ＝ estar）
(3)	a pesar de 〜	〜にもかかわらず
(4)	fauna	動物相（植物相は flora）
(5)	chimpancés	チンパンジー
(6)	leopardos	ヒョウ
(7)	búfalos	水牛、バッファロー
(8)	roedores	げっ歯目（の動物）
(9)	hipopótamos	カバ
(10)	cocodrilos	ワニ
(11)	serpientes	ヘビ
(12)	alrededor de 〜	およそ〜
(13)	algún día	いつか
(14)	hoy en día	今日（こんにち）
(15)	autóctonas	土着の
(16)	se hizo con 〜	〜を得た（hacerse con 〜）
(17)	derrocando	〜を打倒して、転覆して
(18)	asesinando	暗殺して
(19)	ejecutando	刑を執行して
(20)	golpe de Estado	クーデター
(21)	reservas de crudo	原油の埋蔵量
(22)	explotación petrolífera	石油の採掘
(23)	rodeados de lujos	富に囲まれて（rodeado de 〜　〜に囲まれて；lujo　贅沢、奢侈）
(24)	agua potable	飲料水
(25)	corrupción	汚職

12

(26)	desigualdad social	社会的不平等
(27)	desapariciones forzadas	強制失踪　.
(28)	torturas en prisión	刑務所での拷問
(29)	derechos humanos	人権
(30)	abusivos	乱用の、法外な（abuso は「乱用、虐待」）
(31)	los medios de comunicación	マスメディア
(32)	han escapado al control del gobierno	政府の統制から逃れた（escapar a ～　～の及ばない範囲にある；al control de ～　～の支配下で）

🗨 Preguntas

1. ¿Cuál es la capital de Guinea Ecuatorial y dónde se encuentra?

2. ¿Cuándo se convirtió el español en la lengua oficial de Guinea Ecuatorial?

3. ¿Cuáles son las lenguas oficiales de Guinea Ecuatorial?

4. ¿Cuántas lenguas locales se hablan en el país?

5. ¿Quién llegó al poder en Guinea Ecuatorial tras independizarse de España?

6. ¿Cómo murió Francisco Macías?

7. ¿Qué porcentaje de votos obtuvo Obiang en las elecciones de 2022?

8. ¿Quién se beneficia de la explotación de petróleo?

9. ¿De qué vive la mayoría de la población?

10. ¿Qué opinan las organizaciones de derechos humanos sobre el gobierno de Teodoro Obiang?

Argentina

◀09   Argentina situada al sur del continente americano, comparte el extremo sur del continente sudamericano con Chile. Con una superficie aproximada de 2,8 millones km², es el octavo país más grande del mundo⁽ⁱ⁾. La población supera los 45 millones de habitantes. La capital es Buenos Aires⁽ⁱⁱ⁾, donde vive un tercio⁽¹⁾ de la población. Es un país de tango, fútbol y grandes glaciares⁽ⁱⁱⁱ⁾.

El nombre de Argentina procede del latín *argentum*, que significa plata. Alberga⁽²⁾ el monte Aconcagua, la montaña más alta de América con 6961 metros sobre el nivel del mar⁽³⁾, y el Río de la Plata, el más ancho del mundo, con una anchura⁽⁴⁾ máxima de 221 km. El idioma oficial es el español, pero también se hablan quince lenguas indígenas.

En 1946, el coronel Juan Domingo Perón⁽ⁱᵛ⁾ fue elegido presidente y gobernó durante nueve años con su esposa, una mujer famosa y popular llamada Eva Perón. Apoyó a las clases sociales más desfavorecidas⁽⁵⁾, conocidas como "descamisados", y promovió actividades asistenciales.

◀10 **Eva Perón: su historia**

María Eva Duarte Perón, más conocida como Evita, fue una famosa mujer argentina, protagonista⁽⁶⁾ de numerosos libros y películas, incluido la película musical "Evita" con Madonna⁽ᵛ⁾. Eva nació el 7 de mayo de 1919 en Los Toldos, Argentina. Sus días fueron una serie de acontecimientos⁽⁷⁾ asombrosos, casi milagrosos. De origen humilde y provinciano, llegó a la capital siendo una adolescente⁽⁸⁾ y encontró el éxito. Fue una actriz famosa hasta que⁽ᵛⁱ⁾ conoció a Perón. Se convirtió en el alma y la voz del movimiento político peronista⁽ᵛⁱⁱ⁾ liderado por Perón.

Su padre era Juan Duarte, estanciero e importante político conservador que tuvo dos familias, una legítima y otra ilegítima. Eva formaba parte de una familia ilegítima. Su madre, Juana Ibarguren, tuvo cinco hijos con Juan Duarte, pero ninguno de ellos, incluida Eva, fue reconocido⁽⁹⁾. La muerte de su padre dejó a la familia en una situación económica crítica⁽¹⁰⁾, lo que obligó a Evita a emigrar a Buenos Aires. En la capital, hubo una gran afluencia⁽¹¹⁾ de migración interna conocida como "cabecitas negras". Este término discriminatorio para los migrantes[12] étnicos fue utilizado por la clase alta argentina, a causa de[13] la crisis económica de 1929, que también afectaba a Argentina.

Unos años más tarde, Eva conoció a Juan Domingo Perón. Argentina vivía ◀11 un periodo de cambios económicos, sociales y políticos. Su marido impulsó un "programa histórico con apoyo sindical[14] y popular", que se convirtió en la base de su ascenso a puestos[15] de gobierno. En esa época, Evita fue elegida presidenta de la Federación Argentina de Asociaciones Radiofónicas[16].

En 1946, tras varios acontecimientos políticos, Juan Domingo Perón ganó las elecciones presidenciales y se casó con Evita. La participación de Evita motivó a las mujeres del país a apoyar la candidatura de Juan Domingo.

Una de las actividades más representativas fue un viaje a Europa llamado "Gira del Arco Iris[viii]", en el que se convirtió en la voz de las mujeres argentinas. En España Evita se posicionó claramente en contra del trato[17] a los trabaja-dores. Esta postura la enfrentó seriamente con la entonces esposa del líder español, Doña Carmen Polo de Franco.

Evita Duarte Perón fue más que una primera dama; logró el reconocimiento ◀12 de la igualdad de derechos[18] políticos y civiles entre hombres y mujeres. También hizo posible que las voces femeninas ganaran[ix] poder en barrios[19], ciudades y sindicatos, y movilizó la lucha directa de las mujeres.

Evita murió de un avanzado cáncer de útero[20] el 26 de julio de 1952, a la edad de 33 años. Su cuerpo fue embalsamado[21] y mostrado al público, pero más tarde fue secuestrado[22] y llevado a Italia (1957), donde pasó muchos años antes de regresar a Argentina en noviembre de 1974. Tras la muerte de Evita, el presidente Juan Perón quedó totalmente indiferente y enfermo de soledad; en 1955, Perón fue destituido[23] y se exilió en seis países, siendo España el último. En 1961, Juan Perón se casa por tercera vez con Isabel Martínez, su secretaria en España. En 1973 Perón regresa a Argentina del exilio en España y estuvo en el poder solo un año antes de su muerte (1974), el mismo año en que el cuerpo de Evita fue devuelto a Argentina.

Los peronistas apoyaron a su tercera esposa, Isabel Martínez de Perón, que le sustituyó en la presidencia, pero pronto fue derrocada en un golpe de Estado; tras siete años de dictadura militar[24], comenzó la era[25] de la democracia. El Partido Peronista siguió siendo el mayor partido integracionista[26] de Argentina incluso después de la muerte de Juan Perón.

Notas

(i) el octavo país más grande del mundo：最上級であることに注意すること。

(ii) Buenos Aires：アルゼンチンはメキシコと同様に、連邦制国家である。ブエノスアイレス自治市が首都で、これとは別に 23 州（Provincias）から成る。

(iii) glaciares：氷河がみられるロス・グラシアレス国立公園は、アンデス山脈の南端パタゴニアに位置する。南極、グリーンランドに次いで大きい氷原で、世界遺産に登録されている。

(iv) Juan Domingo Perón：アルゼンチンの元大統領。ペロンと並んでエバ（エビータ）の存在も大きい。労働者階級を中心に国民を動員し、既成の権力構造やエリート層を批判して政治変革をめざそうとする populismo（大衆迎合主義）の典型的な事例の一つとして考えられる。

(v) película musical "Evita" con Madonna：エビータはミュージカルとしてよく上演されてきた。映画としては、1996 年の米国映画『エビータ』でマドンナがエビータを演じた。共演はスペイン人俳優のアントニオ・バンデラス。

(vi) hasta que：que 以下が直説法になる場合と接続法になる場合で文法的解釈が違うことに注意。

(vii) peronista：ペロン派。ペロン党とも称される正義党（Partido Justicialista）がアルゼンチン最大の包括政党であった。

(viii) Gira del Arco Iris：直訳すると「虹の外遊」。エビータが 1947 年 6 月 6 日から 79 日間かけてスペイン、西サハラ（当時はスペイン領サハラ）、イタリア、スイス、フランス、ポルトガル、モナコ、バチカン、ブラジル、ウルグアイを訪問した。

(ix) hizo posible que las voces femeninas ganaran：hacer は「～させる」。従属節の動詞が接続法になることを確認し、ここではさらに時制の一致により、ganaran（ganar の接続法過去）になっていることを理解する。

📖 Vocabulario

(1)	un tercio	3 分の 1
(2)	alberga	有する（albergar）
(3)	sobre el nivel del mar	標高、海抜
(4)	anchura	幅
(5)	desfavorecidas	社会的弱者の
(6)	protagonista	主人公
(7)	acontecimientos	出来事
(8)	adolescente	10 代
(9)	fue reconocido	認知された
(10)	crítica	危機的な
(11)	afluencia	流入
(12)	migrantes	移民
(13)	a causa de ～	～のために、～の原因で
(14)	sindical	組合の

(15)	puestos	地位、職
(16)	Federación Argentina de Asociaciones Radiofónicas	アルゼンチン・ラジオ放送協会連盟
(17)	en contra del trato	待遇に反対して
(18)	derechos	権利
(19)	barrios	居住区
(20)	avanzado cáncer de útero	進行性の子宮がん
(21)	embalsamado	防腐処理された
(22)	secuestrado	誘拐された
(23)	destituido	罷免された
(24)	dictadura militar	軍事独裁
(25)	era	時代
(26)	partido integracionista	包括政党

💬 Preguntas

1. ¿Quién es Juan Domingo Perón?

2. ¿A quiénes se les llamaba los descamisados?

3. ¿Quién es Eva Perón?

4. ¿Cómo se llamaba el movimiento político liderado por Perón?

5. ¿Cómo llegó Eva Perón al poder?

6. ¿Cómo se llamó la visita de Evita a Europa?

7. ¿Qué problemas tuvo Evita con la esposa de Franco?

8. ¿Cuáles fueron los mayores logros de Eva Perón?

9. ¿Qué pasó con el cuerpo de Eva Perón después de su muerte?

10. ¿Qué causa la muerte de Eva Perón?

Bolivia

◀13   Bolivia está situada en el subtrópico⁽¹⁾ del hemisferio Sur, aproximadamente en el centro de Sudamérica y es el quinto país más grande del continente con una superficie de 1 098 581 km². Su capital es La Paz, y es la capital situada a mayor altitud sobre el nivel del mar (3640 m).

El Titicaca es el lago navegable más alto del mundo con una superficie de 8372 km², que comparte con⁽²⁾ Perú. El Altiplano alberga también el Salar de Uyuni (10 582 km²), el mayor yacimiento de sal y litio⁽³⁾ del mundo.

La población es de algo más de⁽⁴⁾ 12 millones de habitantes, de los cuales el 48% son indígenas y el resto mestizos⁽⁵⁾, criollos⁽⁶⁾, europeos y asiáticos. Se reconocen 36 grupos indígenas, en su mayoría aimaras y quechuas, que mantienen sus propias lenguas y costumbres. Los pueblos indígenas de Colombia, Perú y Bolivia son los mayores productores de hoja de coca del mundo. Estos han utilizado la hoja de coca como parte de su identidad cultural durante generaciones. Los indígenas bolivianos luchan actualmente por despenalizar⁽⁷⁾ la producción, el consumo y el uso tradicional e industrial de la hoja de coca en su país. El primer presidente indígena elegido, Evo Morales⁽ⁱ⁾, ha sido un abierto defensor del cultivo y uso de la hoja de coca.

◀14 ## Lucha contra la hoja de coca

La planta de coca es un arbusto⁽⁸⁾ que crece en las regiones húmedas de los Andes. Durante siglos, los indígenas han masticado hojas de coca y bebido mate de coca. En Bolivia, la hoja de coca se ha utilizado en ceremonias religiosas, como medicina y como fuente de energía. Para los indígenas bolivianos y los pueblos de otras culturas andinas, la producción y el consumo de hojas de coca es una tradición popular que se transmite de generación en generación. Varios componentes de la hoja de coca tienen propiedades farmacológicas⁽⁹⁾ y, cuando se consumen en forma concentrada⁽¹⁰⁾, tienen un efecto estimulante adictivo⁽¹¹⁾. Hoy en día, países de todo el mundo están inmersos en⁽¹²⁾ una lucha común: la "guerra contra las drogas".

Algunos historiadores señalan que el uso de las hojas se limitaba a la aristocracia. También se dice que la mascaban⁽¹³⁾ los "chaskis", personas con buena memoria y capacidad para contar historias. Cuando los españoles llegaron a la región, se enteraron de[14] la existencia del cultivo de coca y empezaron a estudiar sus propiedades y usos. Muchos creían que debía prohibirse el cultivo y consumo de la hoja de coca.

◀15
La invasión europea provocó una grave crisis alimentaria, y la población indígena se desnutrió y recurrió a[15] la coca para alimentarse. Muchos indígenas se convirtieron en comerciantes de coca, conocidos como "cocanis". A finales del siglo XVIII, a los consumidores indígenas se unieron españoles y criollos que utilizaban la coca como mate[16] para curar resfriados, dolores de muelas, heridas, huesos rotos y otras dolencias.

Debido a[17] sus propiedades estimulantes, las hojas de coca se utilizaron originalmente en la producción del refresco Coca-Cola. En 1903, este ingrediente[18] se eliminó de la receta, y hoy en día solo se utiliza el extracto descafeinado[19] como agente aromatizante[20].

◀16
A principios del siglo XX, esta hoja sagrada indígena se utilizó como materia prima[21] en la fabricación de cocaína. Desde entonces, países de todo el mundo han empezado a prestar atención a[22] los pueblos indígenas que utilizan esta planta. El cultivo y la venta de esta planta se convirtieron en la principal fuente de ingresos de Bolivia. Cuando la coca se convirtió en una parte fundamental de la economía boliviana, gran parte del mundo se volvió contra[23] Bolivia y exigió que se restringiera y erradicara la producción de la hoja de coca[ii]. En la década de 1980, los narcotraficantes[24] aprovecharon la situación económica de Bolivia para comercializar la hoja de coca y producir cocaína.

Los productores indígenas afirman que la hoja de coca es un alimento muy potente, que proporciona la energía y el oxígeno[25] necesarios para la vida a gran altitud. Sin embargo, la hoja de coca se incluye en la Lista I de la Convención Única de Estupefacientes[26] de la ONU[27] para controlar la masticación de la hoja de coca y evitar la producción de cocaína.

19

Notas

(i) Evo Morales：エボ・モラレス（1959–）は 2006 年から 2019 年まで 4 期にわたって大統領を務めたが、事実上のクーデターで失脚した。ボリビア史上初めての先住民出身の大統領である。

(ii) exigió que se restringiera y erradicara la producción de la hoja de coca：exigir は「要求」を表す動詞。つまり、意思であるので、従属節 que 以下の動詞は接続法。ここは、exigir が点過去形で時制の一致のために、従属節は接続法過去になる。

📖 Vocabulario

(1)	subtrópico	亜熱帯地方
(2)	comparte con 〜	〜と共有する（compartir con 〜）
(3)	yacimiento de sal y litio	塩とリチウムの鉱床
(4)	algo más de 〜	〜より幾分多い
(5)	mestizos	メスティソ（スペイン人と先住民の混血）
(6)	criollos	クリオーリョ（中南米生まれのスペイン系白人）
(7)	despenalizar	合法化する
(8)	arbusto	低木
(9)	propiedades farmacológicas	薬理学的特性、薬理作用
(10)	en forma concentrada	過剰に
(11)	efecto estimulante adictivo	中毒性の興奮作用
(12)	inmersos en 〜	〜の状態にある
(13)	mascaban	嚙んでいた（mascar の直説法線過去形）
(14)	se enteraron de 〜	〜を知った（enterarse de 〜）
(15)	recurrió a 〜	〜にすがった（recurrir a 〜）
(16)	mate	マテ茶
(17)	debido a 〜	〜が原因で、〜によって
(18)	ingrediente	成分、材料
(19)	extracto descafeinado	カフェインレスのエキス
(20)	agente aromatizante	香料
(21)	materia prima	原料
(22)	prestar atención a 〜	〜に注目する
(23)	se volvió contra 〜	〜と敵対した
(24)	narcotraficantes	麻薬密輸業者
(25)	oxígeno	酸素
(26)	la Lista I de la Convención Única de Estupefacientes	麻薬に関する単一条約の付表 I

20

(27)	ONU	国連（Organización de las Naciones Unidas）

💬 Preguntas

1. ¿Cuáles son algunas de las maravillas naturales de Bolivia?

2. ¿Cuántos pueblos indígenas hay en Bolivia?

3. ¿Dónde se produce mayoritariamente la hoja de coca?

4. ¿Cómo consumen la hoja de coca los pueblos indígenas?

5. ¿Por qué los indígenas bolivianos no aceptan la prohibición del cultivo de la hoja de coca?

6. ¿Cómo se llama a los comerciantes de hoja de coca?

7. ¿Cuándo se eliminó la coca de la Coca-Cola?

8. ¿Cuándo empezaron los países del mundo a prestar atención a los pueblos indígenas que utilizan la hoja de coca?

9. ¿Quién está comercializando la hoja de coca boliviana para producir cocaína?

10. ¿Cómo la ONU trata de controlar el uso y producción de la hoja de coca?

5 Chile

◀17   Chile es un país largo y estrecho[1] de Sudamérica, limitado al este por la cordillera de los Andes[2] y al oeste por el océano Pacífico. La topografía[3] es, por tanto, muy variada. Chile tiene muchos ríos a lo largo del país, pero solo tres de ellos (Calle-Calle, Valdivia y Cau-Cau) son aptos para[4] la navegación de barcos de menos de 100 toneladas. Gran parte del desarrollo de Chile depende del agua de los ríos. Alberga el desierto de Atacama, el más árido[5] del planeta. Al igual que[6] Japón, Chile es propenso a[7] los terremotos; el de Valdivia de 1960, con una magnitud de 9,5 Mw[8], fue el mayor de los últimos años.

Chile es uno de los países productores de vino más famosos del mundo. En el siglo XVI, los conquistadores españoles llevaron vino a Chile, donde los sacerdotes[9] lo elaboraban[10] para las ceremonias religiosas. El clima mediterráneo de Chile ofrecía las condiciones ideales para la producción de vinos de alta calidad[11], y el vino se convirtió en una importante fuente de ingresos por exportación. Chile es el país económicamente más estable de Sudamérica. También es un gran exportador de minerales y fruta. Como muchos países sudamericanos, tiene problemas salariales y de desempleo[12].

En 1973, un golpe de Estado acabó con la democracia en Chile. El general Augusto Pinochet llevó a cabo[13] el golpe militar más sangriento de la historia latinoamericana contra el gobierno socialista de Salvador Allende[i]. Miles de personas desaparecieron, fueron torturadas, asesinadas y exiliadas. Pinochet fue detenido y juzgado en 2001 por violaciones de los derechos humanos[14] durante su gobierno.

◀18 La lucha de los mapuches

Los mapuches son un pueblo indígena que habitó[15] la región histórica de Arauco, en el sur de Chile. Su territorio ancestral se denomina[16] Wallmapu y se extiende por parte de Chile y Argentina. En Chile, incluye las regiones de Bío Bío y Araucanía. Inicialmente cazadores-recolectores, perdieron su territorio y se convirtieron en pequeños terratenientes, pasando a la agricultura y el pastoreo. En Chile hay unos 2 millones de mapuches, que representan alrededor del 12% de la población total del país. Mapuche significa "gente de la tierra". El mapudungún[ii] es la lengua del pueblo mapuche y se habla en Chile y Argentina. Para muchos mapuches, Ngünechén[iii] es el "ser supremo" el Dios.

Los mapuches se resistieron enérgicamente a la llegada de los españoles y no permitieron que les arrebataran[17] sus tierras[iv]. Sin embargo, cuando Chile surgió como Estado en el siglo XIX, gran parte de su territorio fue ocupado por un acto de Estado conocido como "Pacificación de la Araucanía[v]". Los mapuches no han dejado de[18] reclamar estas tierras, y su lucha se ha intensificado.

Durante la Revolución Industrial (1780–1850), el mundo experimentó grandes cambios económicos, tecnológicos, culturales y sociales. Desde entonces, los recursos naturales de los territorios indígenas han ocupado un lugar importante en Europa, Estados Unidos y América Latina. En 1883, la Araucanía se incorporó al territorio chileno; en 1885 se incorporó al territorio estadounidense; y en ese mismo año volvió a ser territorio chileno.

En Chile, el Estado tomó el 90% de lo que el pueblo mapuche consideraba su territorio ancestral y lo subastó[19] a chilenos y colonos extranjeros.

La violencia militar en territorio mapuche provocó el desplazamiento forzoso[20] de miles de mapuches y el asesinato de muchos otros. Muchos de los supervivientes fueron capturados y trasladados a zonas urbanas y rurales como si hubieran sido esclavos[vi]. La mayoría de ellos viven ahora en zonas rurales del sur de Chile y unos pocos en el sur de Argentina. Los mapuches han perdido territorio y sus comunidades están empobrecidas.

Desde 2019, el pueblo mapuche ha vuelto a[21] manifestarse contra el uso y explotación de sus tierras[22] por parte de empresas privadas cuyas actividades están dañando el suelo y los ríos. Empresas forestales, petroleras e hidroeléctricas[23] son las nuevas dueñas de la tierra. Estas organizaciones no necesitan lana o trigo, sino[24] petróleo, uranio y otros metales, y la tierra mapuche es el lugar perfecto para extraerlos. Para defender su territorio, han llevado a cabo diversas actividades, como cortes de carreteras[25], incendios provocados[26] y huelgas de hambre[27]. Estas manifestaciones han provocado la muerte de jóvenes indígenas a manos de la policía. Los mapuches exigen que el Gobierno les devuelva sus tierras y libere[vii] a muchos líderes y miembros de la comunidad encarcelados en relación con la violencia rural. También exigen indemnizaciones[28] por la destrucción del medio ambiente.

Notas

(i) Salvador Allende：サルバドル・アジェンデ（1908–73）はチリの元大統領。1970 年から 73 年まで社会主義政権を確立したが、73 年のピノチェトらによるクーデターによって失脚した。

(ii) mapudungún：マプドゥングンはマプチェ族の言語である。

(iii) Ngünechén：エンゲネシェンはマプチェの宗教上の至高の存在であり、事実上のマプチェ族の神に相当する。ただし、諸説あり。

(iv) no permitieron que les arrebataran sus tierras：permitir は許可を表す動詞なので、que 以下の従属節の動詞は接続法になる。この場合、主節の動詞が点過去形なので、時制の一致を受けて、従属節の動詞は接続法過去になる。

(v) Pacificación de la Araucanía：アラウカニア平定は 1861 年から 83 年頃まで続き、マプチェはチリ人などの移民が入植したために自分たちの土地は奪われ、他地域への移住を余儀なくされた。

(vi) como si hubieran sido esclavos：como si 〜は「まるで〜であるかのように」の意味。como si のあとの時制が接続法過去形の場合は「まるで〜であるのかのように」、接続法過去完了形の場合は「まるで〜であったかのように」になる。この場合は後者である。

(vii) exigen que el Gobierno les devuelva sus tierras y libere：exigir は要求を表す動詞なので、que 以下従属節の動詞は接続法になる。

📖 Vocabulario

(1)	estrecho	（幅が）狭い
(2)	cordillera de los Andes	アンデス山脈
(3)	topografía	地形
(4)	aptos para 〜	〜に適している
(5)	árido	乾燥した、雨量の少ない
(6)	al igual que 〜	〜と同じように
(7)	propenso a 〜	〜の傾向がある
(8)	Mw	モーメント・マグニチュード（中規模から大規模の地震のマグニチュードの計測で最も一般的に使用）
(9)	sacerdotes	聖職者
(10)	elaboraban	製造していた（elaborar の直説法線過去形）
(11)	de alta calidad	上質の
(12)	desempleo	失業
(13)	llevó a cabo	実行した（llevar a cabo）
(14)	violaciones de los derechos humanos	人権侵害
(15)	habitó	居住した（habitar の直説法点過去形）
(16)	se denomina	名づけられる
(17)	arrebataran	収奪した（arrebatar の接続法過去形）

(18)	no han dejado de 〜	〜をやめなかった（no dejar de 〜）
(19)	subastó	競売にかけた（subastar の直説法点過去形）
(20)	desplazamiento forzoso	強制移動
(21)	ha vuelto a 〜	再び〜した（volver a ＋動詞原形）
(22)	explotación de sus tierras	土地の収奪
(23)	hidroeléctricas	水力発電の
(24)	no 〜 sino ...	〜ではなくて…である
(25)	cortes de carreteras	道路の封鎖
(26)	incendios provocados	放火
(27)	huelgas de hambre	ハンガーストライキ
(28)	indemnizaciones	補償

🗨 **Preguntas**

1. ¿Cómo se llama el desierto más árido del planeta?

2. ¿Quién es Augusto Pinochet?

3. ¿Qué productos exporta Chile?

4. ¿Qué significa la palabra mapuche?

5. ¿Cuándo comenzó el conflicto mapuche?

6. ¿Cómo se llamó el proceso en que el Estado chileno ocupó por la fuerza tierras mapuches?

7. ¿Dónde viven hoy los mapuches?

8. ¿Qué han hecho los mapuches para defender su territorio?

9. ¿Qué quieren los mapuches de Chile?

10. ¿Cómo se llama el dios de los mapuches?

Colombia

◀21   Colombia es conocida en todo el mundo como la tierra de las esmeraldas y el café. Su nombre es un homenaje a Cristóbal Colón, el explorador y navegante que dirigió la primera expedición a América. El nombre Colombia proviene del apellido de Cristóbal Colón (Cristoforo Colombo en italiano).

Colombia comparte fronteras con Venezuela, Brasil, Perú, Ecuador y Panamá. Varias islas del mar Caribe también son territorio colombiano. La superficie de Colombia es mayor que la de cualquier país europeo excepto Rusia. Es comparable a la superficie conjunta de Francia, España y Portugal.

Es el único país sudamericano con costas en los océanos Atlántico y Pacífico. Sus principales ríos son el Magdalena, el Cauca, el Orinoco y el Amazonas, posiblemente uno de los mayores y más caudalosos[1] del mundo. El río Amazonas atraviesa[1] Perú, Colombia y Brasil. Colombia tiene una población de cerca de[2] 52 millones de habitantes. La población indígena ronda[3] un millón y medio de habitantes, con 115 tribus que hablan unas 70 lenguas. Actualmente, el 82% de la población vive en zonas urbanas. La capital, Bogotá, tiene más de 8 millones de habitantes; otras ciudades importantes son Medellín, Cali y Barranquilla.

Colombia es el cuarto productor mundial de café, uno de los principales recursos para la economía colombiana. Las flores y los plátanos también son exportaciones importantes. Además, posee valiosas reservas de carbón[4]. Entre el 50% y el 95% de las esmeraldas del mundo proceden de[5] Colombia.

El escritor colombiano Gabriel García Márquez, Premio Nobel de Literatura[6] en 1982, es uno de los escritores más célebres[7] de América Latina.

La economía colombiana es esencialmente agrícola, con excelentes condiciones para la exportación. Actualmente es uno de los países con un desarrollo económico de Sudamérica.

◀22 **Guerrillas en Colombia**

En Colombia, como en muchos países latinoamericanos, han existido muchas diferencias sociales y conflictos entre la población desde la época colonial. A lo largo de los años[8], estos conflictos han crecido y persistido a través de[9] innumerables protestas, levantamientos populares e incluso guerras civiles[10] que han provocado la pérdida de vidas humanas.

Las organizaciones ilegales y de oposición se agrupan en "guerrillas" que acosan al[11] pueblo colombiano y a su gobierno. Se organizan en unidades con su propio orden y disciplina, actúan al margen de la ley[12] para defender sus ideales y se oponen constantemente al gobierno de turno[13]. El vasto terreno montañoso de Colombia es el lugar perfecto para que estos irregulares se escondan y construyan campamentos[ii], la mayoría de ellos situados en zonas fronterizas para evitar ser detectados.

Las FARC (Fuerzas Armadas Revolucionarias de Colombia)[iii] se fundaron en 1964. Le siguieron el ELN (Ejército de Liberación Nacional)[iv], el M-19 (Movimiento 19 de abril)[v] y otros grupos armados que han creado un ambiente de violencia y malestar social en Colombia. Estos grupos figuran en[14] la lista de organizaciones terroristas sancionadas[15] por la Unión Europea (UE)[16].

Según los informes, estos grupos armados han llevado a cabo actividades ilegales para obtener beneficios económicos con los que financiar su lucha contra el Estado[17], entre las que se incluyen[vi] las siguientes actividades:
   (a) Secuestran[18] ciudadanos nacionales y extranjeros.
   (b) Venden servicios de protección a campesinos y ganaderos.
   (c) Son cómplices[19] del narcotráfico[20] y apoyan esta actividad ilegal.

Colombia ha sufrido durante mucho tiempo los ataques de la guerrilla y los narcotraficantes, pero el país ha mantenido la democracia y mejorado la calidad de vida de su población. En los últimos años, Colombia se ha convertido en uno de los países más competitivos de América Latina.

En las elecciones presidenciales de 2022, Colombia eligió por primera vez[21] a un presidente de izquierdas, Gustavo Petro, ex-rebelde[22] miembro del M-19, que ganó con el 50% de los votos.

		Notas
(i)	atraviesa：> atravesar（直説法現在、語幹母音変化動詞 e → ie）
(ii)	para que estos irregulares se escondan y construyan campamentos：para que の副詞節において、目的を表すため、動詞は接続法になる。
(iii)	FARC (Fuerzas Armadas Revolucionarias de Colombia)：コロンビア革命軍。コロンビア最大の反政府武装勢力であったが、2016 年の政府との戦闘終結で武装解除した。2017 年、合法政党に移行。2021 年、政党名称を Comunes に変更した。
(iv)	ELN (Ejército de Liberación Nacional)：民族解放軍。コロンビアの極左武装組織。
(v)	M-19 (Movimiento 19 de Abril)：「4 月 19 日運動」。1973 年に設立された反米・親キューバ武装組織。1989 年に政府との和平協定に調印した。1990 年に武装解除し、合法政党化した。グスタボ・ペトロ大統領は M-19 の元メンバーである。
(vi)	incluyen：> incluir（incluyo, incluyes, incluye ...）

📖 Vocabulario

(1)	caudalosos	水量の多い
(2)	cerca de 〜	およそ〜
(3)	ronda 〜	およそ〜である（rondar）
(4)	valiosas reservas de carbón	豊かな石炭埋蔵量
(5)	proceden de 〜	〜から産する
(6)	Premio Nobel de Literatura	ノーベル文学賞
(7)	célebres	有名な、著名な
(8)	a lo largo de los años	長年にわたって
(9)	a través de 〜	〜を通して
(10)	guerras civiles	内戦
(11)	acosan a 〜	〜を追い詰める、〜を悩ます（acosar a 〜）
(12)	actúan al margen de la ley	法外な行動をする
(13)	gobierno de turno	現行の政府、当時の政府
(14)	figuran en 〜	〜に載っている（figurar en 〜）
(15)	sancionadas	認定された
(16)	Unión Europea (UE)	欧州連合（EU）
(17)	Estado	国家
(18)	secuestran	誘拐する（secuestrar）
(19)	cómplices	共犯（者）、幇助
(20)	narcotráfico	麻薬取引、麻薬密売
(21)	por primera vez	はじめて
(22)	ex-rebelde	元反逆者、元反乱者（ex は「前の」の意味）

💬 Preguntas

1. ¿Cuántas lenguas se hablan en Colombia?

2. ¿De dónde viene el nombre de Colombia?

3. ¿Cómo se llama el escritor colombiano que ganó el Premio Nobel de Literatura en 1982?

4. ¿Cuáles son los productos agrícolas de Colombia?

5. ¿Qué minerales se extraen en Colombia?

6. ¿Cuáles son las gemas más famosas de Colombia?

7. ¿Qué es una guerrilla?

8. ¿Dónde se esconde la guerrilla colombiana?

9. ¿Qué grupos armados han generado violencia en el país?

10. ¿Qué tipo de actividades ilegales realiza la guerrilla para obtener beneficios económicos?

Costa Rica

◀24   Costa Rica forma parte del istmo centroamericano, al que Cristóbal Colón llegó en su cuarto viaje a América en 1502.

El país tiene una pequeña superficie de 51 100 km², su capital es San José. Costa Rica siempre ha sido frontera y puente entre las grandes culturas de Norteamérica y Sudamérica. El país es exportador de café, el primer exportador de piñas del mundo y el tercer exportador de plátanos, cuyo principal destino es la Unión Europea.

Un tercio del país está conformado por[1] bosques y parques. La selva costarricense es rica en caoba[2] y cedro[3]. También alberga más de 1000 especies de orquídeas[4], una gran variedad de mariposas[5] y fauna salvaje[6]. El país tiene una larga cadena montañosa[7], que se extiende desde cerca de Nicaragua, en el norte, hasta la frontera panameña, en el sur.

Uno de los atractivos más llamativos[8] de Costa Rica es su gran número de parques nacionales. Este país cuenta con[9] 30 parques nacionales que cubren todo el país. Estas zonas protegidas incluyen selvas, volcanes, playas y bosques. Costa Rica se caracteriza por[10] obtener la mayor parte de su energía de cinco fuentes renovables[11]: hidroeléctrica, eólica[12], geotérmica[13], biomasa[14] y solar.

◀25   Es uno de los países con mayor conciencia[15] ecológica; el 25% del territorio costarricense está protegido[16]. La diversidad de flora y fauna es una de las mayores del planeta. Costa Rica es conocida como la "Suiza de Centroamérica". El clima medio anual de todo el país oscila[17] entre los 22°C (71°F) y los 27°C (81°F), debido a su ubicación en una selva tropical y a su zona montañosa, con una altitud de más de 3200 metros. Estos dos factores se combinan para crear temperaturas ideales, con el único problema de que llueve ocho meses al año. Toda esta belleza natural hace de[18] Costa Rica uno de los países importantes a nivel ecoturístico.

Tiene una población de casi 5,2 millones de habitantes. La población indígena es relativamente pequeña y está muy influenciada por la cultura y las tradiciones españolas. Los costarricenses se llaman a sí mismos "ticos" y "ticas". Han sido reconocidos como un pueblo pacífico durante generaciones. Su democracia es la más antigua de la región centroamericana. También se considera un modelo de democracia y derechos humanos, al haber sido elegida sede[19] de la Corte Interamericana de Derechos Humanos[i].

Los servicios sanitarios, especialmente la medicina preventiva[20], son de alto nivel tanto en las zonas rurales como en las urbanas.

Constitución costarricense ◀26

El primero de diciembre de 1948, al término de la guerra civil, la Comisión de Gobierno de Costa Rica decidió abolir las fuerzas armadas y, convirtió simbólicamente el antiguo Cuartel[21] de Bellavista en la sede del Museo Nacional. El 7 de noviembre de 1949 se aprobó y entró en vigor[22] la nueva Constitución de Costa Rica. Desde entonces, las fuerzas de seguridad son la Guardia Civil y la Guardia de Asistencia Rural[ii]. En lugar de[23] gastar dinero en soldados y armas, Costa Rica ha invertido en sanidad y educación. Esta decisión ha hecho del país una nación pacífica, distinguiéndose de otros países centroamericanos.

Costa Rica es un Estado de derecho y, al igual que Japón, su Constitución garantiza los derechos humanos, la propiedad privada[24], la igualdad ante la ley y la renuncia a la guerra[25].

La Constitución garantiza claramente la libertad de expresión y la igualdad ante la ley de todos los habitantes del país. Cada cuatro años se celebran elecciones nacionales para elegir al presidente y a los representantes del pueblo. La Constitución prohíbe la reelección del presidente; el voto es obligatorio para todos los ciudadanos mayores de 18 años.

El artículo 78 de la Constitución estipula que la educación preescolar y la general básica[iii] son gratuitas y obligatorias. Costa Rica tiene actualmente la tasa de alfabetización[26] más alta de América Latina. Se dice que Costa Rica tiene más profesores que policías.

El catolicismo es la religión oficial, pero está garantizado el derecho a practicar otras religiones (Artículo 75).

Costa Rica fue pionera en la abolición de la pena de muerte[27], convirtiéndose en el tercer país del mundo en hacerlo ya en 1882; el ejército fue abolido en 1948 y desde 1950 Costa Rica goza de[28] una completa estabilidad política. Hoy, Costa Rica tiene el índice de desarrollo[29] más alto de Centroamérica. También tiene la menor desigualdad social de América Latina.

Notas

(i) Corte Interamericana de Derechos Humanos：米州人権裁判所。米州機構（Organización de los Estados Americanos: OEA）の加盟国によって批准された米州人権条約（1978 年発効）に基づき、米州人権裁判所が翌年に創設された。本部はサンホセにある。

(ii) Guardia Civil, Guardia de Asistencia Rural：治安警備隊（Guardia Civil）、地方支援警備隊 （Guardia de Asistencia Rural）などが 1996 年に統合再編され、公安部隊（Fuerza Pública）となった。

(iii) la general básica：コスタリカの基礎教育は義務教育で無償である。基礎教育は初等教育（6 〜 11 歳）と中等教育 5 年制のうちの最初の 3 年間（12 〜 14 歳）である。中等教育の残り 2 年間は多様性教育と呼ばれ、義務教育ではないが、無償である。

📖 Vocabulario

(1)	está conformado por ～	～で構成されている、～で成り立っている
(2)	caoba	マホガニー
(3)	cedro	杉
(4)	más de 1000 especies de orquídeas	1000 以上の種類のラン
(5)	mariposas	蝶
(6)	fauna salvaje	野生動物
(7)	cadena montañosa	山脈
(8)	llamativos	際立った
(9)	cuenta con ～	～を有する（contar con ～）
(10)	se caracteriza por ～	～を特徴としている（caracterizarse por ～）
(11)	renovables	再生可能な
(12)	eólica	風力の
(13)	geotérmica	地熱の
(14)	biomasa	バイオマス
(15)	conciencia	意識
(16)	protegido	守られている（proteger の過去分詞）
(17)	oscila	揺れ動く（oscilar）
(18)	hace de ～ ...	～を…にさせている
(19)	sede	本部
(20)	preventiva	予防の
(21)	Cuartel	軍営
(22)	entró en vigor	発効した（entrar en vigor）
(23)	en lugar de ～	～のかわりに

(24)	propiedad privada	個人の財産、私有財産
(25)	renuncia a la guerra	戦争放棄
(26)	tasa de alfabetización	識字率
(27)	pena de muerte	死刑
(28)	goza de 〜	〜を享受している（gozar de 〜）
(29)	índice de desarrollo	発展指数、成長指数

💬 Preguntas

1. ¿Qué recursos naturales tiene Costa Rica?

2. ¿Cuáles son las fuentes de energía de Costa Rica?

3. ¿Por qué Costa Rica tiene buen clima todo el año?

4. ¿Cómo se llaman a sí mismos los costarricenses?

5. ¿Cuáles son las fuerzas de seguridad costarricenses?

6. ¿Qué exporta Costa Rica?

7. ¿Cuándo se aprobó la Constitución de Costa Rica?

8. ¿Qué garantiza la Constitución costarricense?

9. ¿Cómo es la educación en Costa Rica?

10. ¿Por qué se compara la Constitución costarricense con la japonesa?

 # Cuba

◀27 Cuba es la mayor isla del mar Caribe. Tiene una superficie aproximada de 110 000 km². No se dispone de estadísticas[1] de población oficiales, ya que gran parte de la población ha emigrado de la isla debido a problemas con el sistema de gobierno; se calcula que la población de la isla rondará los 10,6 millones de habitantes[i]. Aproximadamente 1,4 millones de cubanos viven en Estados Unidos y 200 000 en España e Italia. Muchos cubanos viven también en México y Canadá. La capital, La Habana, es la ciudad más poblada.

Cuba es conocida en todo el mundo por su música, sus puros[2], su ron y su buen café. Una característica muy interesante y fascinante de Cuba son sus elegantes coches de época. Estos coches clásicos se importaron antes de 1959, y muchos datan de[3] la década de 1940. Ya que los coches nuevos dejaron de[4] venderse en Cuba después de que el gobierno estadounidense impusiera un embargo[5] al país en 1960, por lo que todos son de esa época. Se desconocen cifras oficiales, pero expertos estiman que circulan por toda Cuba entre 60 000 y 70 000 coches antiguos, conocidos cariñosamente en Cuba como "Almendrones".

La cultura cubana es rica en pasatiempos africanos, españoles y caribeños, y su comida, religión y, por supuesto, su música y baile combinan elementos del Viejo y el Nuevo Mundo.

Quizá uno de los aspectos más importantes de la tradición cubana es la familia. Los cubanos viven su vida en torno a[6] sus parientes[7] y el respeto que les tienen es notable. Esto se refleja en muchas costumbres y tradiciones cubanas.

En la década de 1950, Cuba contaba con famosos hoteles, espectáculos y casinos que atraían a turistas de todo el mundo. Antes de la Revolución cubana, Cuba era la isla caribeña preferida por los turistas.

◀28 **Revolución cubana y su impacto**

El 1 de enero de 1959, Fidel Castro, junto con el Che Guevara y otros revolucionarios, tomó el poder en Cuba tras un levantamiento revolucionario contra la dictadura militar de Batista. Castro declaró que Cuba sería a partir de ese momento un Estado comunista[8] y prometió celebrar elecciones inmediatamente, pero no se celebraron y permaneció en el poder durante casi

50 años. La Revolución cubana supuso[9] la eliminación total de la propiedad privada. Todas las empresas fueron expropiadas[10] y nacionalizadas. Esto tuvo un gran impacto en la clase alta y las empresas estadounidenses presentes en la isla. En 1961, Estados Unidos rompió relaciones diplomáticas con Cuba. Desde entonces, las clases altas y medias cubanas abandonaron el país, emigrando principalmente a Florida (EE. UU.). Aislada y con grandes problemas económicos, Cuba desarrolló muy buenas relaciones con la Unión Soviética. Esta nueva relación convirtió a Cuba en un importante exportador de azúcar.

Durante las décadas de 1970 y 1980, Cuba estuvo aislada de muchos países ◀29 y mantuvo relaciones y dependencias con los países comunistas. Tras la progresiva independencia de los países de Europa del Este de la Unión Soviética, estos se distanciaron de Cuba. En 1991, la Unión Soviética se disolvió[11] y poco a poco Fidel Castro perdió la capacidad de comerciar con azúcar y la economía cubana se debilitó[12] gradualmente.

Una vez más, Cuba se enfrentó a una grave crisis económica. El gobierno cubano se vio obligado a[13] aplicar severas medidas de austeridad destinadas a[14] racionar[15] la energía, los alimentos y los bienes de consumo[16] en general. La escasez de alimentos provocó un aumento de la emigración de Cuba.

La pobreza era imparable. Muchas personas construyeron balsas[17] para escapar de la isla, pero muchos murieron en el intento. El gobierno revolucionario no les permitía escapar, e incluso cuando lo hacían, se ahogaban porque las balsas no eran lo suficientemente fuertes.

Desde que los hermanos Castro tomaron el poder en 1959, Cuba solo ha tenido un candidato presidencial y un partido político[ii]. El gobierno cubano ha sido acusado de violaciones de los derechos humanos por el Comité de Derechos Humanos de la ONU[18], pero generalmente los opositores al gobierno siguen siendo perseguidos y no se les permite salir libremente de la isla. Por otra parte, los servicios sanitarios cubanos están reconocidos por organizaciones mundiales y Cuba proporciona ayuda a varios países sudamericanos. La educación en Cuba es ahora gratuita a todos los niveles.

Actualmente, gran parte de la población cubana vive en EE. UU. Envían dinero a la isla para ayudar a sus familias, pero no se les permite visitar Cuba libremente.

Notas

(i) se calcula que la población de la isla rondará los 10,6 millones de habitantes：2021 年 10 月から 24 年 8 月までの 3 年間で 85 万人がキューバから米国へ脱出し、実際のキューバの人口は 862 万人まで減少しているという統計まである。1980 年のマリエル・ボートリフト事件の 12 万 5000 人、1994 年のバルセロ（筏）事件による 3 万 4500 人を大幅に上回る人数となっている。ちなみに 2020 年は 1 万 4015 人、2021 年は 3 万 9303 人、2022 年は 22 万 4000 人で、前年の約 5.7 倍増であった。この背景には現政権に対する不満やコロナ禍以降完全に回復しない景気低迷や失業、物価の高騰などによる経済的困窮の影響が考えられる。

(ii) Cuba solo ha tenido un candidato presidencial y un partido político：キューバ革命の指導者であったフィデル・カストロは 2016 年に死去。ディアス・カネル（Miguel Díaz-Canel）大統領がラウル・カストロ（Raúl Castro）の後継者として最高指導者の地位にある。

📖 Vocabulario

(1)	estadísticas	統計
(2)	puros	葉巻
(3)	datan de ～	～にさかのぼる（datar de ～）
(4)	dejaron de ～	～をやめた（dejar de ～）
(5)	embargo	通商禁止
(6)	en torno a ～	～の周りで
(7)	parientes	親戚
(8)	un Estado comunista	共産主義の国家
(9)	supuso	ともなった、必要とした（suponer の直説法点過去形）
(10)	expropiadas	収用された（expropiar の過去分詞）
(11)	se disolvió	解体した（disolverse の直説法点過去形）
(12)	se debilitó	弱体化した（debilitarse の直説法点過去形）
(13)	se vio obligado a ～	～することを余儀なくされた（verse obligado a ～　～には不定詞［動詞の原形］が入る）
(14)	severas medidas de austeridad destinadas a ～	～に向けられた厳しい引き締め策
(15)	racionar	割り当てる、配給する
(16)	bienes de consumo	消費財
(17)	balsas	筏
(18)	Comité de Derechos Humanos de la ONU	国連人権委員会

💬 Preguntas

1. ¿Qué es lo que más caracteriza a Cuba?

2. ¿Cuál es uno de los aspectos más importantes de la cultura cubana?

3. ¿Por qué Cuba era famosa en la década de 1950?

4. ¿Qué promesas no cumplió Fidel Castro cuando llegó al poder en Cuba?

5. ¿Cuál fue el primer cambio que hizo Fidel en Cuba cuando llegó al poder?

6. ¿Qué países mantuvieron relaciones con Cuba durante su aislamiento?

7. ¿Qué medidas de austeridad adoptó el Gobierno cubano debido a la crisis económica?

8. ¿Qué provocó la emigración masiva de las clases altas y medias de Cuba?

9. ¿Qué ayuda presta Cuba a los países sudamericanos?

10. ¿Qué condenas internacionales ha recibido Cuba?

9 El Salvador

◀30   El Salvador es el país más pequeño de Centroamérica y el único sin costa atlántica. El Salvador tiene más de 100 volcanes, 20 de ellos activos. Tiene las olas más grandes y largas del océano Pacífico, y sus cálidas[1] aguas son populares entre surfistas[2] de todo el mundo. Los productos agrícolas más importantes de El Salvador son el café, el algodón[3], el maíz y la caña de azúcar. El café cultivado en El Salvador se ha consolidado como café de gran calidad y es muy apreciado por su excelente sabor.

Uno de los principales problemas de El Salvador es la desigualdad económica[4]. Más del 26% de los salvadoreños viven en la pobreza[5], con más de 3 millones de salvadoreños viviendo legal o ilegalmente en Estados Unidos y muchos más en países como Canadá, México y Australia. Sus remesas anuales[6] contribuyen significativamente a la economía del país.

En 1944, El Salvador se encontraba en una situación política muy difícil. Hubo un golpe de Estado contra el dictador Maximiliano Hernández Martínez, que dirigió un régimen autoritario durante 13 años. En la década de 1980[7], el país vivió una guerra civil que atrajo[8] la atención internacional y causó la muerte de unas 75 000 personas y obligó a muchos salvadoreños a emigrar a otros países para sobrevivir[9]. En 1993 se firmó[10] un tratado de paz[11] entre el gobierno y la guerrilla, pero desde entonces, han surgido[12] graves problemas de delincuencia[13] generalizada debido a la pobreza.

La deportación[14] de salvadoreños indocumentados[15] en Estados Unidos provocó la entrada de más de 12 000 salvadoreños en El Salvador, muchos de los cuales incrementaron[16] su delincuencia con la aparición de las maras (pandillas[17]). Además de las deportaciones, las inundaciones[18] causadas por varios huracanes[19] también aumentaron el desempleo y la pobreza.

◀31 **La Mara Salvatrucha**

En Los Ángeles (California, EE. UU.) surgió un grupo de bandas para proteger y cuidar a los emigrantes salvadoreños. Este grupo se autodenominó "La Mara Salvatrucha". En Centroamérica, "mara" significa pandillero, "salva" significa El Salvador, y "trucha[20]" significa listo o astuto. En otras palabras, significa pandilla de astutos salvadoreños. Se ha convertido en una de las mayores bandas de delincuentes del mundo, que comete diversos delitos[21], como tráfico de drogas[22], robo[23], extorsión[24], secuestro, asesinato por encargo, contrabando[25] de armas y tráfico de inmigrantes. Comunidades enteras se vieron obligadas a pagar a las maras para garantizar que sus familias no fueran castigadas[i].

A partir de 2001, el gobierno de turno empezó a detener a las maras. Pero incluso después de su encarcelamiento, no desaparecieron; al contrario[26], se colectivizaron más. Surgieron nuevos líderes que empezaron a ocupar las cárceles, desde donde cometieron delitos y empezaron a dominar la vida del pueblo salvadoreño. Comenzaron a sobornar[27] a jueces y funcionarios y a concentrar la violencia con fines económicos[28].

En 2019, Nayib Bukele fue elegido presidente de El Salvador y comenzó a introducir cambios en la policía y el ejército, expulsando a estos grupos.

Detuvo intensamente a personas sospechosas de pertenecer a la comunidad mara, incluida su propia familia. Por supuesto, también fueron capturadas miles de personas inocentes, pero la mayoría de las maras fueron encarceladas y juzgadas por sus crímenes. Desde entonces, los salvadoreños han recuperado su libertad, la vida de la gente es mejor.

Bukele logró capturar a varias bandas de delincuentes. Este presidente se ◀32 convirtió en un héroe nacional por su dura actuación que llevó a la derrota de la Mara Salvatrucha. Estas detenciones masivas han acarreado[29] críticas por violaciones de los derechos humanos contra el presidente Bukele, pero el presidente es uno de los líderes políticos más populares del continente: en 2023, su gobierno inauguró la mayor prisión de América Latina, el Centro de Confinamiento del Terrorismo (Cecot)[30].

En 2018, El Salvador encabezó[31] la lista de los 20 países más peligrosos del mundo, pero en 2021, El Salvador es uno de los países más seguros de Centroamérica. En junio de 2024, Nayib Bukele se convirtió en Presidente de El Salvador por segunda vez.

Notas

(i)	para garantizar que sus familias no fueran castigadas：従属節 que 以下の動詞が接続法になる。ただし、主節の動詞（se vieron）が点過去形であるので、時制の一致により、接続法過去になる。ser ＋過去分詞は「受け身」。

📖 Vocabulario

(1)	cálidas	熱い
(2)	surfistas	サーファー
(3)	algodón	綿花
(4)	desigualdad económica	経済的不平等
(5)	pobreza	貧困
(6)	anuales	年間の
(7)	en la década de 1980	1980 年代に
(8)	atrajo	関心を向けさせた（atraer の直説法点過去形）
(9)	sobrevivir	生存する
(10)	se firmó	調印された、結ばれた（firmar の直説法点過去形、se は受け身）
(11)	tratado de paz	講和条約
(12)	han surgido	起こった（surgir の直説法現在完了形）
(13)	delincuencia	犯罪
(14)	deportación	退去強制、出国命令
(15)	indocumentados	不法入国の
(16)	incrementaron	増加した（incrementar の直説法点過去形）
(17)	pandillas	悪党（ギャング予備軍と考えられる）
(18)	inundaciones	洪水
(19)	huracanes	ハリケーン
(20)	trucha	狡猾な
(21)	delitos	犯罪
(22)	tráfico de drogas	麻薬密売
(23)	robo	窃盗
(24)	extorsión	恐喝
(25)	contrabando	密輸
(26)	al contrario	他方
(27)	sobornar	賄賂を贈る、買収する

(28)	fines económicos	経済的目的
(29)	han acarreado	〜を引き起こした（acarrear の直説法現在完了形）
(30)	el Centro de Confinamiento del Terrorismo (Cecot)	テロリスト拘禁センター
(31)	encabezó	筆頭になった（encabezar の直説法点過去形）

💬 Preguntas

1. ¿Qué produce El Salvador?

2. ¿Cuáles son los principales problemas de El Salvador?

3. ¿Por qué los salvadoreños emigraron en masa a otros países?

4. ¿Qué significa "Mara Salvatrucha"?

5. ¿Cómo se creó Mara Salvatrucha?

6. ¿Qué tipo de delitos comete La Mara Salvatrucha?

7. ¿Qué cambios hizo Bukele en el Salvador?

8. ¿Por qué se considera a Bukele un héroe nacional?

9. ¿Por qué se critica al Presidente Bukele?

10. ¿Qué es el Cecot en el Salvador?

10 México

◀33 México está situado en el extremo sur del continente norteamericano. El nombre del país significa "ombligo[(1)] de la luna" en lengua náhuatl azteca. Con una población aproximada de 130 millones de habitantes, es el undécimo país más poblado del mundo[(i)]. Sus diversos recursos naturales[(2)] y su rico patrimonio[(3)] cultural e histórico hacen de México un destino turístico muy atractivo[(4)]. Su capital, Ciudad de México, es la ciudad más poblada del mundo hispanohablante y de América. Los aztecas llamaban Tenochtitlan a la tierra que se convertiría en Ciudad de México, y era una ciudad importante cuando los españoles la invadieron[(5)] en 1521. México se independizó de[(6)] España en 1821. México fue una de las civilizaciones más importantes de Mesoamérica y se convirtió en la cultura dominante de la región hasta la llegada de los conquistadores españoles.

Entre 1846 y 1848, México sufrió la intervención[(7)] de otro país y tuvo que ceder[(8)] casi la mitad de su territorio a Estados Unidos, sobre todo tras perder la guerra con este país. A principios del siglo XX estalló la Revolución mexicana y nació el nuevo "Estado de México", aunque oficialmente se llama nada más México, como lo registra el artículo 43 de la Constitución Política de los Estados Unidos Mexicanos[(ii)].

En 2016, la capital de México cambió su nombre de Distrito Federal (D. F.) a Ciudad de México, pero aún hay quienes la siguen identificando como antes. Es el centro urbano más grande de México y su principal centro político, económico, social, académico, financiero, empresarial, turístico, cultural y de entretenimiento más importante del país. La ciudad cuenta con numerosos museos y teatros. Las plazas de estilo europeo y las casas coloniales conviven con concurridos mercados de comida mexicana y artesanía indígena. En la capital, el Zócalo, la plaza central, tiene edificios históricos como el Palacio Nacional[(9)] y la Catedral, así como modernos rascacielos[(10)].

◀34 **Violencia y narcotráfico**

Cuando se piensa en México, lo primero que viene a la mente son las pirámides, la historia, los deliciosos tacos, la música, el mariachi y las celebraciones del Día de los Muertos[(iii)], pero también destacan[(11)] la violencia y el crimen organizado a través del narcotráfico. Este gran país es el vecino más cercano de Estados Unidos y la puerta de entrada de los narcotraficantes a ese país, el mayor consumidor de drogas del mundo.

Las noticias sobre México siempre se centran en las luchas de los cárteles de la droga. Estos grupos tienen un gran poder en México debido a sus vínculos con organizaciones internacionales de blanqueo de dinero[12]. Esto ha provocado muchos incidentes violentos en las ciudades donde se cultiva la droga, con muchos efectos negativos para la población mexicana.

El narcotráfico ha crecido tanto como negocio que[13] se ha descontrolado, provocando violencia en muchos países del mundo y también en México.

Las investigaciones demuestran que muchas comunidades de México confían más en[14] los narcotraficantes que en el propio Estado. Esto se debe probablemente a[15] que el control gubernamental es muy débil y los narcotraficantes son más fuertes. Los narcotraficantes proporcionan trabajo y ayuda a muchas familias y por lo que los residentes tienden a[16] defenderlos.

A partir de diciembre de 2006, el gobierno empezó a luchar contra el narcotráfico, pero desde ese momento la violencia comenzó a aumentar y se convirtió en el mayor problema de México. Estos grupos tienen muy malas relaciones entre sí[17] y no desaparecerán mientras los precios de la droga sigan subiendo. Combatir[18] a los narcotraficantes no es una tarea fácil. El narcotráfico está en todas partes y ahora es tan independiente y descentralizado que, aunque se detenga a los cabecillas[19] de la droga[iv], las organizaciones de narcotraficantes seguirán operando de la misma manera.

México sigue siendo uno de los centros de distribución de drogas[v], causando mucho dolor y sufrimiento a la sociedad mexicana. México tiene grandes atractivos turísticos, pero la oscura imagen del problema de las drogas siempre ha perseguido al país.

Notas

(i) el undécimo país más poblado del mundo：定冠詞＋名詞＋ más ＋形容詞＋ de ～であるので、最上級である。undécimo は「第 11 番目の」、poblado は「人口が多い」。

(ii) el artículo 43 de la Constitución Política de los Estados Unidos Mexicanos：メキシコ憲法は 1917 年に発布され、その後何度か改正が続けられている。同憲法 43 条はメキシコ市を 1 州として加えた全 32 州から構成されるメキシコ合衆国に関する規定である。

(iii) Día de los Muertos：死者の日。諸聖人の日である 11 月 1 日と翌 2 日に行われる。家族や友人が集まり、死者を偲んで祖先に敬意を示す。祭壇やお墓の飾りつけや、パン・デ・ムエルト（死者のパン）などの御供物がなされる。メキシコの伝統行事であり、シンボルである「カラベラ・カタリーナ」に扮してパレードやパーティーに参加する人もいる。

(iv) aunque se detenga a los cabecillas de la droga：aunque のあとに直説法が来ている場合は事実を表すので、「～ではあるけれども」、接続法の場合は、「たとえ～であっても」（譲歩の意味）になる。この場合は後者である。

(v) México sigue siendo uno de los centros de distribución de drogas：ロペス・オブラドール大統領（2018–24 在任）は麻薬組織を取り締まる「麻薬戦争」の終結を宣言し、むしろ治安改善を最優先した。

📖 Vocabulario

(1)	ombligo	へそ
(2)	recursos naturales	天然資源
(3)	patrimonio	遺産
(4)	destino turístico muy atractivo	大変魅力的な観光地
(5)	invadieron	侵略した（invadir の直説法点過去形）
(6)	se independizó de ～	～から独立した（independizarse de ～）
(7)	sufrió la intervención	侵略を経験した（sufrir の直説法点過去形）
(8)	ceder	譲渡する
(9)	Palacio Nacional	大統領府、国立宮殿
(10)	rascacielos	摩天楼、超高層ビル（単複同形）
(11)	destacan	目立つ（destacar）
(12)	blanqueo de dinero	マネーロンダリング、資金洗浄
(13)	～ tanto como negocio que ...	ビジネスとしてあまりに～なので…
(14)	confían en ～	～を信用する（confiar en ～）
(15)	se debe a ～	～に原因がある（deberse a ～）
(16)	tienden a ～	～しがちである（tender の直説法現在形、e < ie）
(17)	entre sí	互いに
(18)	combatir	～と戦う、～を撃退する
(19)	cabecillas	首領

💬 Preguntas

1. ¿Qué significa la palabra México?

2. ¿Qué nombre dieron los aztecas a la actual Ciudad de México?

3. ¿Cuándo se independizó México de España?

4. ¿Por qué México perdió casi la mitad de su territorio?

5. ¿Cuáles son las principales atracciones de Ciudad de México?

6. ¿Qué es lo que representa a México?

7. ¿Qué país es el mayor consumidor de drogas del mundo?

8. ¿Por qué muchas comunidades mexicanas confían en los narcotraficantes?

9. ¿Cuándo comenzó a aumentar la violencia en México?

10. ¿Por qué no es fácil combatir a los narcotraficantes?

11 Panamá

◀36   Panamá está situada en el istmo[1] entre Costa Rica al oeste y Colombia al sureste. Forma la frontera entre los continentes de América del Norte y del Sur. La capital, Ciudad de Panamá, es el centro cultural y económico de Panamá y un núcleo de actividad financiera y bancaria internacional. El Canal de Panamá y el turismo son importantes fuentes de ingresos para la economía panameña. Su población supera los 4,4 millones de habitantes. Panamá disfruta de[2] un clima tropical, parques naturales y otros atractivos. Este país tiene uno de los niveles de vida más altos de América Latina.

Panamá no es solo un destino turístico a lo largo de su famoso Canal, sino también un país multicultural de contrastes. Hay iglesias, plazas y palacios coloniales, y el Parque Nacional de Soberanía, a 25 km de la capital, es un lugar ideal para el senderismo[3] y la observación de aves.

Al igual que otros países centroamericanos, Panamá exporta caña de azúcar[4], café y bananas.

◀37 **El Canal de Panamá**
El Canal de Panamá es una de las mayores maravillas de la ingeniería mundial. Incluso con la tecnología moderna, la visión de enormes portacontenedores[5] atravesando las esclusas[6] de mar a mar es asombrosa. El Canal de Panamá conecta dos océanos: el mar Caribe (océano Atlántico) y el océano Pacífico.

El Canal de Panamá tiene unos 80 km de longitud y puede elevar buques de hasta 85 pies[7] (unos 26 m) a través de tres esclusas. El tiempo de tránsito por el canal es de 8 a 10 horas, pero dentro de las aguas territoriales se tarda de 14 a 16 horas. El canal se construyó hace más de cien años, y su funcionamiento todavía es extraordinariamente eficiente. Los grandes barcos atraviesan el Canal de Panamá durante el día. Los barcos más pequeños que no necesitan la ayuda de remolcadores[8] pasan por la noche.

◀38   En 1524, el rey Carlos I de España ordenó una ruta a través del istmo, pero no se avanzó.

En 1821, Panamá se independizó de España y se unió voluntariamente a Colombia; en 1880, Francia inició los trabajos de excavación[9] para construir un canal a través del istmo, pero 20 años de selva, enfermedades y dificultades financieras obligaron a abandonar este enorme proyecto.

El 3 de noviembre de 1903, Panamá se separó de Colombia. Ese mismo año se firmó en Washington un tratado por el que se autorizaba a Estados Unidos a construir un canal a través del territorio panameño. El proyecto se completó en un periodo de 10 años con un coste aproximado de 387 millones de dólares, y el 15 de agosto de 1914, el carguero[10] estadounidense Ancón realizó el primer paso por el Canal de Panamá.

El 7 de septiembre de 1977, Estados Unidos inició el proceso de transferencia del Canal de Panamá a Panamá[i]. La transferencia del Canal y de todas las infraestructuras de la antigua Zona del Canal duró 20 años y finalizó el 1 de enero de 2000.

Los peajes[11] del Canal de Panamá se cobran en dólares estadounidenses. El peaje medio que paga un buque por transitar por el Canal de Panamá oscila entre 300 000 y 1 000 000 de dólares, dependiendo del peso y la carga. Los buques pequeños pagan entre 800 y 2000 dólares, y los coches y motocicletas entre 200 y 1000 dólares.

Actualmente pasan por el canal unos 14 000 barcos al año[12], es decir[13], una media de[14] 40 al día.

El cambio climático[15] está afectando al Canal de Panamá. La escasez de agua está obligando a los buques a esperar más tiempo para reducir el número de barcos que pasan al mismo tiempo. También se ven obligados a limitar la carga que pueden transportar, lo que afecta a la economía del país.

La posibilidad de construir un canal en Nicaragua existe desde hace varios años. La construcción del canal era un sueño centroamericano, apoyado por China, pero ahora parece haberse convertido en un competidor de Panamá.

Notas

(i)　El 7 de septiembre de 1977 ...：反米色を強めるトリホス（Omar Torrijos）最高司令官（1968–81
在任）は 1977 年に米国に対するパナマ運河返還条約の締結に成功した。その後、トリホス
の飛行機事故死（1981）によって、ノリエガ（Manuel Noriega）が同地位を引き継いだ。し
かし、反米的かつ独裁的で、麻薬密輸などの罪をやがて米国政府によって問われ、米軍がパ
ナマに侵攻（1989–90）し、ノリエガは米国裁判所に起訴され懲役刑に処された。

📖 Vocabulario

(1)	istmo	地峡
(2)	disfruta de ～	～を享受している（disfrutar de ～）
(3)	senderismo	ハイキング
(4)	caña de azúcar	サトウキビ
(5)	portacontenedores	コンテナ船
(6)	esclusas	閘門、水門
(7)	pies	フィート
(8)	remolcadores	タグボート、引き船
(9)	excavación	掘削
(10)	carguero	貨物船
(11)	peajes	通行料
(12)	al año	年間、一年につき
(13)	es decir	つまり
(14)	una media de ～	平均～の
(15)	cambio climático	気候変動

💬 Preguntas

1. ¿Quién ordenó por primera vez la construcción del Canal de Panamá y en qué año?

2. ¿Cuándo se independizó Panamá de España?

3. ¿Cómo se llamaba el primer barco que cruzó el canal?

4. ¿Cuántos años tardó EE. UU. en entregar el canal a Panamá?

5. ¿Qué mares se juntan en el Canal de Panamá?

6. ¿Por qué Francia no pudo terminar la construcción del Canal de Panamá?

7. ¿Cuánto tarda un barco en cruzar el Canal de Panamá?

8. ¿Cuánto tardó Estados Unidos en devolver el Canal de Panamá a Panamá?

9. ¿Cuántos barcos pasan por el Canal de Panamá en un día?

10. ¿Cuál es el problema actual del Canal de Panamá?

12 Paraguay

◀40   Paraguay tiene una superficie de 406 752 km², su población es de más de 7,5 millones de habitantes, en su mayoría de ascendencia[1] española e indígena. La capital, Asunción, está situada a orillas[2] del río Paraguay. Es la ciudad más poblada y productiva de Paraguay. Otras ciudades importantes con gran población son Ciudad del Este y Luque. El nombre del país, Paraguay, deriva del[3] río que lo divide en dos.

Paraguay es un país bilingüe, con el español y el guaraní como lenguas oficiales. El guaraní es hablado por la mayoría de la población y es la lengua dominante en las zonas rurales. La cultura paraguaya es una mezcla de elementos españoles y guaraníes. A diferencia de[4] otros países latinoamericanos, la cultura indígena paraguaya sigue teniendo una fuerte influencia en Paraguay.

Al igual que Bolivia, Paraguay es un país sin salida al mar. Los tres principales ríos navegables son el Paraguay, el Paraná y el Pilcomayo. Paraguay está conectado con el mundo exterior por el río Paraguay, que desemboca en[5] el océano Atlántico.

Entre sus principales recursos naturales se encuentran minerales como la caliza[6], el oro, el magnesio y el hierro[7], además de la madera y sus ríos utilizados como vías de comunicación. Sus industrias son la agricultura y la ganadería[8]. Entre los productos agrícolas destacan el algodón, la caña de azúcar, el maíz, la soja, el trigo, el tabaco, las naranjas y la yerba mate.

El *ñanduti* es la artesanía más importante de Paraguay. Ñanduti significa "tela de araña[9]" y es un encaje bordado[10] que probablemente se originó en[11] Tenerife, España. Los trajes tradicionales de las mujeres paraguayas están confeccionados[12] con este tejido de encaje.

◀41 **Dos guerras internacionales**

La Guerra de la Triple Alianza[i] fue la más sangrienta de América Latina y duró de 1865 a 1870. En esta guerra, Paraguay luchó contra Brasil, Argentina y Uruguay. Estos países se unieron para destruir al presidente paraguayo de la época, y esta unidad consiguió destruirlo en cinco años. Paraguay perdió unas 280 000 personas (en su mayoría hombres), es decir, cerca del 60% de su población en ese momento.

En 1932 Paraguay entró de nuevo[13] en guerra. Esta vez fue la guerra del "Chaco" con Bolivia, que duró hasta 1935[ii]. Paraguay consiguió hacerse con el control de[14] casi todo el Chaco, pero a un alto coste[15], ya que perdió 50 000 soldados. Después de estas guerras, la población paraguaya pasó a ser predominantemente femenina, lo que, según muchos historiadores, fue un desastre demográfico que retrasó gravemente el desarrollo del país.

Presencia japonesa en Paraguay

◀42

La inmigración asiática a América Latina procedía principalmente de China y Japón. Los inmigrantes japoneses llegaron a Paraguay en 1936, muchos provenían de Okinawa, Kagoshima, Hokkaido, Kumamoto, Hiroshima y Akita. Estos japoneses llegaron a América Latina en circunstancias diferentes a[16] las de los inmigrantes chinos, ya que tenían contratos de trabajo.

Al principio de su llegada, los japoneses tuvieron que superar muchas dificultades. Gracias a sus esfuerzos, la imagen de los japoneses en Paraguay se convirtió en la de personas dedicadas y trabajadoras, dando gran confianza a sus compañeros inmigrantes que llegaron más tarde. La primera colonia en Paraguay se llamó "La Colmena[17]" porque la diligencia[18] de los inmigrantes se asemejaba a[19] la de abejas[20] que trabajaban incansablemente. Cuando llegaron los japoneses, se concentraron en la agricultura, la fruticultura y la horticultura[21] y su trabajo ha convertido al país en el cuarto exportador mundial de soja. Su alta calificación técnica y la calidad de sus productos han apoyado la economía agrícola de Paraguay.

En 1960, se fundó la Colonia Pirapo en virtud de[22] un tratado de emigración entre Japón y Paraguay, seguida por la Colonia Iguazú al año siguiente[23]. El caso de la Colonia Iguazú es considerado un modelo exitoso de colonización japonesa en Paraguay. En la actualidad, existen ocho colonias en Paraguay. El trabajo de los inmigrantes japoneses ha contribuido significativamente a la mejora de la dieta paraguaya.

Notas

(i) Guerra de la Triple Alianza：三国同盟戦争。パラグアイ戦争とも言われる。1865 年から 1870 年にかけて、アルゼンチン、ブラジル、ウルグアイが同盟を結び、パラグアイと戦った戦争である。ウルグアイの内戦に対して同国のコロラド党政権を支援するブラジルおよびアルゼンチンと、ブランコ党を支援するパラグアイのあいだで衝突し、開戦に至った。5 年に及ぶ戦争はパラグアイの敗北に終わった。この戦争でパラグアイは少なくとも 6 割の国民の生命と 4 割の国土が失われ、その復興に半世紀を要したと言われている。

(ii) Esta vez fue la guerra del "Chaco" con Bolivia, que duró hasta 1935：チャコ戦争とは、1932 年から 1935 年にかけてボリビアとパラグアイの間で行われた戦争である。戦争の背景に、1879 年の太平洋戦争（1879 年から 1884 年にかけて、ボリビアおよびペルーと、チリの間で行われた硝石地帯の領有権をめぐる戦争）に負けて海への出口を失っていたボリビアは、パラグアイ川を独占し大西洋側への自由なアクセスを求めていた。一方、パラグアイは三国同盟戦争による国力の衰退から次第に回復しつつあり、領土の獲得を目指した。1938 年の講和条約でパラグアイは要求する大部分のチャコ地方を獲得、ボリビアはパラグアイ川の水運を獲得した。

📖 Vocabulario

(1)	ascendencia	祖先
(2)	orillas	岸
(3)	deriva de ～	～に由来する（derivar de ～）
(4)	a diferencia de ～	～と違って
(5)	desemboca en ～	～に注ぐ（desembocar en ～）
(6)	caliza	石灰岩
(7)	hierro	鉄
(8)	ganadería	牧畜
(9)	tela de araña	蜘蛛の巣
(10)	encaje bordado	刺繍がされたレース
(11)	se originó en ～	～に端を発した、もともと～で起こった
(12)	están confeccionados	製造されている
(13)	de nuevo	再び
(14)	consiguió hacerse con el control de ～	～を支配することを達成した（conseguir ～　～を獲得する、達成する。conseguir のあとは不定詞［動詞の原形］。hacerse con ～　～を自分のものにする）
(15)	a un alto coste	高い代償を払って
(16)	diferentes a ～	～と違って
(17)	La Colmena	ラ・コルメナ（ハチの巣、日本人入植地の一つ）

(18)	diligencia	勤勉、勤労
(19)	se asemejaba a 〜	〜に似ていた（asemejarse a 〜）
(20)	abejas	ハチ
(21)	horticultura	園芸
(22)	en virtud de 〜	〜のおかげで
(23)	al año siguiente	翌年

💬 Preguntas

1. ¿Cuáles son las lenguas oficiales de Paraguay?

2. ¿Cómo se llama el río que conectan Paraguay con otros países?

3. ¿Qué es el *ñanduti*?

4. ¿Contra qué países luchó Paraguay en las dos grandes guerras?

5. ¿Por qué la mayoría de la población paraguaya eran mujeres?

6. ¿Cuál fue la diferencia entre la inmigración china y japonesa a América Latina?

7. ¿A qué se dedica la mayoría de los inmigrantes japoneses en Paraguay?

8. ¿Cómo se llamaba la primera colonia japonesa en Paraguay y a que se debe ese nombre?

9. ¿Cuál fue el aporte de los inmigrantes japoneses a Paraguay?

10. ¿Cuántas colonias japonesas hay en el Paraguay?

13 Perú

◀43   Perú cuenta con una superficie de 1 285 215 km². Es el cuarto país de Sudamérica en población y tercero en superficie. La economía peruana está dominada por la exportación de recursos minerales. Es uno de los principales productores mundiales de plata[1], cobre[2], vanadio[3], bismuto[4] y plomo[5].

La cordillera de los Andes atraviesa el país de norte a sur. Esta región andina, que cubre casi la mitad del país, posee hermosos valles y mesetas secas. En una de ellas, en la frontera con Bolivia, se encuentra el lago Titicaca. Al otro lado de los Andes, el río Amazonas fluye[6] a través de lo que[7] los peruanos llaman la región montañosa. Esta región tiene un clima muy frío y sus cumbres están siempre cubiertas de nieve[8], pero es el hogar[9] de uno de los símbolos más importantes de Perú: la llama, la alpaca y la vicuña[10]. La selva amazónica, en cambio[11], tiene un clima tropical, con una vegetación exuberante[12], grandes ríos y un sinfín de[13] plantas exóticas, pájaros, mariposas y animales de colores.

La capital es Lima, la ciudad más importante del país y su centro político, cultural y económico. Lima está situada en la costa central del país, frente al océano Pacífico. Lima es una ciudad moderna, pero posee un interesante casco histórico[14] y está declarada Patrimonio de la Humanidad[15] por la UNESCO.

Al igual que México, Perú cuenta con una numerosa población indígena. Como parte de su rico patrimonio, Perú tiene muchas lenguas, siendo el español la más hablada, pero el quechua, la lengua del Imperio Inca, también se sigue hablando en todo el país, sobre todo en los Andes. El aimara también se habla en el sur.

◀44   Perú se distingue de[16] otros países no solo por la diversidad de su entorno[17], sino también por la presencia de ciudades perdidas y ruinas antiguas que son un misterio para muchos. El país es rico en historia con numerosos yacimientos arqueológicos[18], como Machu Picchu, ciudadela del Imperio Inca y Cuzco, capital de dicho imperio.

Perú fue uno de los últimos países de Sudamérica en declarar su independencia de España, el 28 de julio de 1821. En 1879, Chile declaró la guerra a Perú y Bolivia por una disputa fronteriza. Esta guerra se conoció como la Guerra del Pacífico[i]; en 1881, Chile invadió Perú y ocupó Lima. La guerra con Chile causó graves problemas a Perú, que tuvo que pasar muchos años reconstruyendo el país.

Perú atraviesa una grave crisis política y ha tenido 11 presidentes en 20 años, un número muy elevado si se tiene en cuenta[19] que el mandato presidencial es de cinco años.

El lago Titicaca ◀45

El lago Titicaca se distingue por sus grandes dimensiones y su antigüedad de 3 millones de años. Es el lago navegable a mayor altura del mundo y es la frontera natural entre Perú y Bolivia. Tiene una superficie de 8372 km², de los cuales el 56% son peruanos y el 44% bolivianos. Su profundidad máxima es de 281 m. Un viaje en barco llevaría casi un día. El paisaje circundante es muy hermoso y ofrece vistas de las montañas. En la zona viven muchos animales. El lago alberga un grupo de islas flotantes artificiales[20] habitadas por los indios Uros, descendientes de los primeros americanos.

Líneas de Nazca ◀46

Al sur de Lima, en la Pampa de Nazca o Pampa de San José, hay un vasto desierto que se extiende desde las estribaciones[21] de los Andes hasta el océano Pacífico. Las Líneas de Nazca[ii] son imágenes maravillosas y misteriosas que emergen del polvo[22] de esta tierra. Estos dibujos se llaman geoglifos[23]. Son imágenes sorprendentes de animales y plantas, con formas geométricas[24] y detalladas, repartidas[25] por vastas extensiones de terreno. Tienen más de 2000 años, pero no han desaparecido. Solo podemos verlas desde el cielo.

Se han propuesto varias teorías para comprender el significado de las Líneas de Nazca, entre las más conocidas se encuentran las siguientes:

1- Las líneas fueron trazadas por extraterrestres[26] y utilizadas como pistas de aterrizaje[27].

2- Numerosas líneas que cruzan el desierto fueron utilizadas para observar el movimiento del sol y la luna.

3- Las líneas estuvieron relacionadas con ciertos rituales de culto al agua.

4- Las líneas indicaron diversos suministros y fuentes de agua subterránea.

5- Las líneas estuvieron relacionadas con las estaciones y el cielo y probablemente fuesen el mayor calendario astronómico del mundo.

Las Líneas terrestres de Nazca son uno de los misterios arqueológicos del mundo. A pesar de siglos de investigación, se desconoce su finalidad[28].

Notas

(i) Guerra del Pacífico：太平洋戦争（1879–84）ペルーとボリビアがチリと戦った戦争。硝石戦争（Guerra del Salitre）ともいう。チリが勝利して両国に領土を割譲させた。第12課パラグアイの Nota (ii) を参照のこと。

(ii) Líneas de Nazca：ナスカの地上絵。ペルーのナスカ川とインヘニオ川に囲まれた砂漠の地表面に30キロ四方にわたって、千数百もの幾何学図形や動植物などの絵が描かれている。

📖 Vocabulario

(1)	plata	銀
(2)	cobre	銅
(3)	vanadio	バナジウム
(4)	bismuto	ビスマス
(5)	plomo	鉛
(6)	fluye	流れる（fluir）
(7)	lo que ～	～するもの
(8)	están siempre cubiertas de nieve	いつも雪で覆われている
(9)	hogar	本拠地
(10)	vicuña	ビクーニャ（ラクダ科の動物）
(11)	en cambio	一方
(12)	vegetación exuberante	豊かな植物群
(13)	un sinfín de ～	無数の～
(14)	casco histórico	歴史地区
(15)	Patrimonio de la Humanidad	世界遺産
(16)	se distingue de ～	～と区別される、相違する（distinguirse de ～）
(17)	entorno	環境
(18)	yacimientos arqueológicos	遺跡（yacimiento は「鉱床」の意）
(19)	se tiene en cuenta	～を考慮する
(20)	islas flotantes artificiales	人工の浮島
(21)	estribaciones	山脈の尾根
(22)	polvo	塵、ほこり
(23)	geoglifos	地上絵
(24)	formas geométricas	幾何学的な形
(25)	repartidas	広がった
(26)	extraterrestres	地球外生物

(27)	pistas de aterrizaje	滑走路
(28)	finalidad	目的、意図

💬 Preguntas

1. ¿Qué productos se exportan desde Perú a otros países?

2. ¿Qué cadenas montañosas atraviesan Perú?

3. ¿Cuál es el clima de Perú?

4. ¿Cuáles son los tres animales que simbolizan a Perú?

5. ¿Cuándo se independizó Perú?

6. ¿Con qué país se produjo la Guerra del Pacífico?

7. ¿Cuáles son los idiomas más hablados en Perú?

8. ¿Con qué país comparte Perú el Lago Titicaca?

9. ¿Qué son las Líneas de Nazca?

10. ¿Dónde se encuentran las Líneas de Nazca?

14 Puerto Rico

◀ 47 Puerto Rico es la más pequeña de las Antillas Mayores⁽¹⁾. Está situada en el mar Caribe, al este de la República Dominicana y al oeste de las Islas Vírgenes Británicas. Puerto Rico es una isla muy montañosa.

A los puertorriqueños se les llama boricuas⁽ⁱ⁾, en honor a los indios taínos que vivían en la isla en el siglo XVI. Las lenguas habladas son el español y el inglés. Estados Unidos controla la isla desde 1898, cuando España puso fin a 400 años de dominio colonial.

La cultura de Puerto Rico es el resultado de un proceso de mezcla de las culturas españolas, taína y africana. Al igual que Cuba, se dice que Puerto Rico es la tierra de los mil ritmos musicales, y al pasear por sus calles se escucha una gran variedad de música afrocaribeña⁽²⁾. Muchos artistas famosos son de ascendencia⁽³⁾ puertorriqueña, como Jennifer López⁽ⁱⁱ⁾, Marc Anthony⁽ⁱⁱⁱ⁾, Ricky Martin⁽ⁱᵛ⁾, Luis Fonsi⁽ᵛ⁾ y Daddy Yankee⁽ᵛⁱ⁾ entre otros.

Debido a su situación geográfica, la isla y sus habitantes se han visto expuestos a⁽⁴⁾ diversos desastres naturales en las últimas décadas, como huracanes, terremotos y tsunamis.

◀ 48 **¿Por qué Puerto Rico es territorio de Estados Unidos?**

Puerto Rico es territorio estadounidense desde el 10 de diciembre de 1898. Tras formar parte de España durante más de cuatro siglos, Puerto Rico se convirtió en territorio estadounidense a finales del siglo XIX y nunca ha sido un país independiente. Ahora tiene su propio gobierno, pero ¿por qué Puerto Rico pasó a formar parte de EE. UU.?

En 1898 estalló⁽⁵⁾ una lucha independentista en Cuba, y el pueblo cubano se vio envuelto en un violento conflicto civil. Ocurrió algo inesperado: el Maine, el barco militar estadounidense se hundió⁽⁶⁾ por una explosión⁽⁷⁾ accidental, matando a 266 personas. Estados Unidos culpó del hundimiento del Maine a los españoles y decidió unirse a la lucha por la independencia de Cuba e invadió Puerto Rico. El pueblo de Puerto Rico estaba a favor de⁽⁸⁾ EE. UU. En aquella época, España significaba atraso para muchos, mientras que EE. UU. significaba prosperidad, innovación, modernidad y democracia.

Debido a la derrota en la guerra contra EE. UU., España perdió Cuba y tuvo ◀49
que garantizar[9] la independencia de Cuba bajo la ocupación estadounidense.
Tras tres años y medio de ocupación estadounidense, el 20 de mayo de 1902 se
proclamó la independencia de Cuba. Por otra parte, España vendió el archipié-
lago filipino a Estados Unidos por 20 millones de dólares y aceptó ceder Puerto
Rico.

En 1917, EE. UU. concedió[10] la ciudadanía[11] estadounidense a los nacidos
en Puerto Rico; en 1952, dotó a Puerto Rico de[12] una constitución y reconoció
la autonomía local, conocida como Estado Libre Asociado[13]. Permitió el control
de los asuntos internos, la elección de gobernadores y el establecimiento de un
sistema judicial, pero el control de las fronteras, las relaciones internacionales
y la defensa nacional siguió en manos de Washington. Los puertorriqueños no
pueden votar en las elecciones presidenciales de EE. UU. y sus representantes
no tienen derecho a voto[14]. Puerto Rico aún no es un estado de EE. UU., pero
tampoco es un país independiente, y hay discusión sobre si convertirlo en el
estado 51 o no.

¿Inglés o español? ◀50

Desde 1898 hasta 1949, las autoridades estadounidenses insistieron en
el inglés como lengua de instrucción en las escuelas de Puerto Rico. Estados
Unidos tenía la intención de formar angloparlantes con cultura estadounidense,
de forma similar a[15] lo que se hacía en sus escuelas públicas. Sin embargo,
la fuerte resistencia a esta política hizo que finalmente se optara[vii] por el uso
del español como lengua básica en las escuelas, de modo que el inglés se
convirtiera[viii] en una segunda lengua estudiada por todos.

En 1991, el Congreso de Puerto Rico revocó[16] una ley de 1902 que recono-
cía tanto el español como el inglés como lenguas oficiales de la isla. En 1993 se
firmó una ley que restablecía la igualdad entre el español y el inglés. El sistema
judicial es en español, pero los asuntos oficiales del Distrito de Puerto Rico se
realizan en inglés. El 94,9% de la población de Puerto Rico habla español y el
55,9% habla inglés.

Notas

(i)　boricuas：ボリクアはタイノ語でプエルトリコ人を意味する言葉。

(ii)　Jennifer López：（1969–）ニューヨーク生まれのプエルトリコ系。ラテンポップ系歌手、俳優。

(iii)　Marc Anthony：（1968–）ニューヨーク生まれのプエルトリコ系。ラテンポップ、サルサ系歌手、俳優。

(iv)　Ricky Martin：（1971–）プエルトリコ生まれ。ラテンポップ系歌手。

(v)　Luis Fonsi：（1978–）プエルトリコ生まれ。ラテンポップ系歌手。

(vi)　Daddy Yankee：（1977–）プエルトリコ生まれ。レゲトンを代表する歌手。

(vii)　hizo que finalmente se optara：que 以下は接続法。ここでは主節の動詞が hizo（hacer の点過去形）であるので、時制の一致のために接続法過去になる。

(viii)　de modo que el inglés se convirtiera：de modo que のあとの動詞が直説法の場合は「したがって〜、だから〜」となるが、接続法の場合は「〜するように、〜できるように」。ここでは主節の動詞が hizo（hacer の点過去形）であるので、時制の一致のために接続法過去になる。

📖 Vocabulario

(1)	Antillas Mayores	大アンティル諸島
(2)	música afrocaribeña	アフロカリビアン音楽
(3)	ascendencia	出自
(4)	se han visto expuestos a 〜	〜にさらされている（verse expuesto a 〜）
(5)	estalló	起こった（estallar の直説法点過去形）
(6)	se hundió	沈んだ（hundirse の直説法点過去形）
(7)	explosión	爆発
(8)	a favor de 〜	〜に賛成して
(9)	garantizar	保障する
(10)	concedió	（権利などを）与える（conceder の直説法点過去形）
(11)	ciudadanía	市民権
(12)	dotó a ... de 〜	〜を…に付与した（dotar の直説法点過去形）
(13)	Estado Libre Asociado	自治連邦区（英語では Commonwealth）
(14)	derecho a voto	投票権
(15)	de forma similar a 〜	〜と同じように
(16)	revocó	無効にした（revocar の直説法点過去形）

💬 Preguntas

1. ¿Cómo llaman a los puertorriqueños?

2. ¿Cuándo pasó Puerto Rico a formar parte de EE. UU.?

3. ¿Por qué EE. UU. declaró la guerra a España?

4. ¿Cuál fue la actitud del pueblo de Puerto Rico después de que EE. UU. invadiera Puerto Rico?

5. ¿Qué permitió Estados Unidos que hicieran los puertorriqueños?

6. ¿Pueden los puertorriqueños votar en las elecciones presidenciales de EE. UU.?

7. ¿Es Puerto Rico un estado de EE. UU.?

8. El primer idioma de Puerto Rico es el español, ¿por qué?

9. ¿Hasta qué año insistieron las autoridades estadounidenses en que las escuelas de Puerto Rico se impartieran en lengua inglesa?

10. ¿Qué porcentaje de puertorriqueños habla inglés?

15 Uruguay

◀51   El nombre de Uruguay procede de la lengua guaraní[i] y significa "río donde viven los pájaros". Uruguay es el segundo país más pequeño de Sudamérica después de Surinam. Ocupa una superficie de 176 215 km² y se caracteriza por una topografía ondulada[1] sin altas montañas ni grandes llanuras.

De los aproximadamente 3,4 millones de habitantes de Uruguay, un tercio vive en la capital, Montevideo. La ciudad cuenta con excelentes parques y playas.

La mayoría de la población es de ascendencia española e italiana, con algunos descendientes[2] de africanos llegados durante la época colonial española. A diferencia de otros países latinoamericanos, Uruguay no tiene población indígena[ii].

La industria más activa es la ganadería, seguida de una importante agricultura, que produce trigo, maíz, fruta y caña de azúcar. Además, la producción de vino es muy reconocida.

Es uno de los países más desarrollados y con mayor calidad de vida de América Latina. También tiene una de las tasas de alfabetización más altas del mundo y es considerado por algunas instituciones como el país menos corrupto de Latinoamérica, junto con Chile.

En 2014, Uruguay se convirtió en el primer país del mundo en legalizar la producción, venta y consumo de marihuana para uso personal, recreativo y medicinal.

También fue el primer país de América Latina en reconocer las uniones civiles[3] entre personas del mismo sexo en 2013. Uruguay promulgó[4] una ley contra la discriminación sexual y permitió a los homosexuales ingresar en las Fuerzas Armadas[5].

◀52 **Una nación de fútbol**

Es difícil entender cómo un país de poco más de tres millones de habitantes puede presumir de[6] tantos títulos futbolísticos. La primera Copa Mundial de Fútbol, o Copa Mundial de la FIFA[7], se celebró en Uruguay en 1930, y la selección uruguaya ganó su primer campeonato al vencer a Argentina, y de nuevo en 1950 al derrotar a Brasil. Uruguay es, junto con Argentina, el país más laureado[8] de la Copa América[9], con 15 campeonatos. El estadio Centenario de Montevideo es el "Monumento Histórico de Fútbol Mundial" reconocido por la FIFA.

5 　　　Uruguay fue cuarta en la Copa Mundial de Fútbol de Sudáfrica 2010, ganó la Copa América de Argentina 2011 y fue subcampeona en el Mundial Sub-17 de México 2011 y en el Mundial Sub-20 de Turquía 2013. Aunque estos fueron sus últimos títulos internacionales, siempre se han clasificado para[10] las finales latinoamericanas. Además, los jugadores uruguayos se encuentran actualmente
10 entre los mejores del mundo.

4 vacunos por habitante ◀53

　　　El ganado vacuno[11] o bovino[12] y ovino[13] se cría[14] a gran escala[15], por lo que las praderas[16] dedicadas al pastoreo[17] ocupan casi el 50% de la superficie terrestre de Uruguay. Debido al clima cálido, el ganado se cría todo el año. Uru-
15 guay es el único país donde el 100% del ganado está identificado y registrado. Casi el 70% de la producción de carne de vacuno se exporta a más de 100 países, lo que convierte a Uruguay en el séptimo exportador mundial de carne de vacuno.

　　　La ganadería es responsable del 75% de las emisiones de metano[18]
20 procedentes de la digestión[19] del ganado, lo que contribuye en gran medida[20] al cambio climático. El expresidente de Uruguay, José Mujica[iii] (2010–2015), pronunció un discurso sobre el cambio climático, en la Conferencia de las Naciones Unidas sobre el Desarrollo Sostenible[21] de 2012[iv]. Mujica se hizo famoso en todo el mundo por su discurso y por su conciencia medioambiental[22]. A Mujica
25 se le conoce como el presidente más pobre del mundo.

Notas

(i) la lengua guaraní：先住民語であるグアラニー語は隣国パラグアイではスペイン語と並んで公用語の一つになっている。

(ii) Uruguay no tiene población indígena：国民国家とナショナルアイデンティティの形成過程で先住民性が消去されてきたが、近年ではこれを批判的にとらえる見方がある。

(iii) José Mujica：ホセ・ムヒカ（1935–）2010年3月から15年2月までウルグアイ第40代大統領を務める。かつては極左武装組織トゥパマロスの一員であった。

(iv) la Conferencia de las Naciones Unidas sobre el Desarrollo Sostenible de 2012：2012年6月にリオで開催された国連持続可能な開発会議（リオ+20）。このなかで行なった演説でムヒカはハイパー消費経済に人間や社会がコントロールされ、本来の豊かな発展が人類の幸福に全く寄与していないことをするどく指摘した。つまり、環境保護や貧困の撲滅が真の問題ではなく、諸悪の根源は人間の生活および消費パターンにあり、これが解決されない限り、持続可能な発展はありえないと説いた。

📖 Vocabulario

(1)	topografía ondulada	起伏のある地形
(2)	descendientes	子孫の、〜系の
(3)	uniones civiles	シビル・ユニオン
(4)	promulgó	発布した（promulgar の直説法点過去形）
(5)	Fuerzas Armadas	軍隊
(6)	presumir de 〜	〜を自慢する、〜を誇る
(7)	Copa Mundial de la FIFA	FIFA ワールドカップ
(8)	laureado	栄誉を与えられた、受賞した
(9)	Copa América	コパ・アメリカ
(10)	se han clasificado para 〜	〜への出場権を獲得した
(11)	ganado vacuno	家畜の肉牛と乳牛
(12)	bovino	ウシ科すべての家畜
(13)	ovino	羊
(14)	se cría	飼育されている（criarse）
(15)	a gran escala	大規模に
(16)	praderas	牧草地
(17)	pastoreo	放牧
(18)	emisiones de metano	メタンの排出
(19)	digestión	消化
(20)	en gran medida	大いに

| (21) | Desarrollo Sostenible | 持続可能な発展 |
| (22) | medioambiental | 環境の |

💬 Preguntas

1. ¿Qué significa Uruguay en guaraní?

2. ¿Qué es lo que más se produce en Uruguay?

3. ¿Cuál es la calidad de vida en Uruguay?

4. ¿De dónde proceden los uruguayos?

5. ¿Cuándo se reconoció el matrimonio entre personas del mismo sexo en Uruguay?

6. ¿Cuándo organizó Uruguay por primera vez la Copa Mundial de la FIFA?

7. ¿Cuándo se convirtió Uruguay en el primer campeón de fútbol?

8. ¿Cuánto ganado por persona hay en Uruguay?

9. ¿Qué importancia tiene la producción de carne de vacuno en Uruguay?

10. ¿Qué problemas plantea la ganadería al cambio climático?

16 Venezuela

◀54   Venezuela está situada en la costa noreste de Sudamérica. Limita al este con Guyana, al sur con Brasil, al oeste con Colombia y al norte con el mar Caribe. Tiene una superficie aproximada de 910 000 km² y está dividido en 23 estados. Venezuela alberga el Salto Ángel, la catarata[1] más alta del mundo; y el río Orinoco, el segundo más largo de Sudamérica. También posee el litoral[2] más extenso del Caribe. Venezuela posee las mayores reservas de crudo del mundo y fue uno de los principales exportadores de petróleo hasta la década de 1970.

Antes de ser un país rico en petróleo, en el siglo XIX y principios del XX, Venezuela era un país agrícola. Hasta 1875 Venezuela ocupó el tercer lugar entre los productores mundiales de café.

Desde la década de 1950 hasta la de 1980, Venezuela fue uno de los países más ricos del mundo; desde 2013, el país se enfrenta a una crisis económica causada por la caída de los precios del petróleo, las expropiaciones[3], el control de cambios[4] y la corrupción.

◀55 **Hiperinflación / Devaluación de la moneda**

La moneda de Venezuela se llama bolívar, pero su valor ha desaparecido. Para entender por qué el bolívar no vale nada hay que comprender lo que ha estado ocurriendo en el país durante más de dos décadas. Venezuela tenía las mayores reservas de petróleo del mundo y una de las tres mayores empresas petroleras internacionales, conocida como PDVSA (Petróleos de Venezuela S. A.)[5]. En 1999 Hugo Chávez[i] fue elegido presidente de Venezuela y uno de sus planes de gobierno era eliminar por completo[6] la pobreza. Quería resolver el problema de la desigualdad económica redistribuyendo la riqueza. Para cumplir sus promesas, Chávez cuadruplicó[7] el empleo en PDVSA y otras instituciones públicas y triplicó[8] el gasto público.

Al mismo tiempo, Chávez también decía que enriquecerse[9] era malo y comenzó a expropiar gran parte del sector privado. Se apropió[10] gradualmente de fábricas y empresas privadas y las puso bajo el control del gobierno para proporcionar[11] puestos de trabajo a los pobres. Chávez expropió unas 1200 empresas privadas en diez años. La producción de petróleo y la empresa privada se entregaron a personas que no sabían cómo administrarlas, por lo que Venezuela pasó a depender totalmente del petróleo.

Después de que Chávez triplicara el número de empleos en el sector petro- ◄56
lero, los costes de PDVSA estaban entre los más altos del mundo, pero la crisis
internacional del petróleo de 2014 redujo[12] los precios casi a la mitad. Esto
provocó[13] una caída de casi el 50% en los ingresos petroleros de Venezuela.

Un año antes, en 2013, el presidente Chávez murió por enfermedad y fue
sucedido por[14] Nicolás Maduro[ii]. Cuando Maduro llegó al poder, Venezuela
tenía pocos ingresos[15] petroleros y tenía que pagar salarios y gastos. Debido
a la política de expropiaciones, quedaban pocas empresas privadas y, por lo
tanto[16], no se podían recaudar[17] muchos impuestos[18]. La moneda ya estaba
débil y los impuestos se cobraban[19] en bolívares.

En esta situación crítica, Maduro tomó la peor decisión para resolver el
problema y comenzó a imprimir[20] papel moneda[21]. En 2014, los precios se
triplicaron en menos de un año, y desde entonces la tasa de inflación[22] de
Venezuela es la más alta del mundo.

Ya casi nada se produce en Venezuela y prácticamente todo tiene que ◄57
ser importado de otros países. No había dinero para pagar los gastos para
mantener las instituciones públicas como hospitales, universidades y escuelas
públicas. Los alimentos[23] y los productos de primera necesidad escaseaban[24] y
el país era un caos. Las universidades cerraron, los hospitales no podían prestar
servicios[25] y la población se estaba quedando sin alimentos ni gasolina[26].
Desde entonces, los profesionales han empezado a buscar trabajo en otros
países.

Desde 2015, la migración de venezolanos a otros países ha aumentado
gradualmente, y se calcula que más de 7 millones de venezolanos han aban-
donado el país. En 2017, la moneda venezolana se devaluó[27] bruscamente[28] y
la economía cayó en la hiperinflación. El Fondo Monetario Internacional (FMI)
proyectó una inflación en Venezuela superior al 10 000% en 2019. Se trata de la
hiperinflación más alta jamás experimentada en el continente americano. Los
venezolanos han perdido la confianza en su propia moneda y todo se paga en
dólares estadounidenses.

Según los expertos[29], la dolarización[30] puede reducir temporalmente la
inflación, pero será muy negativa para Venezuela en el futuro. Como conse-
cuencia de la inflación y la crisis de escasez, la pobreza extrema en Venezuela
ha aumentado significativamente desde 2014.

Notas

(i) Hugo Chávez：チャベス（1954–2013）は、ベネズエラの軍人、大統領で、「21世紀社会主義」を提唱し、いわゆる反米主義、社会主義路線に立つ「ボリーバル革命」を実現した。

(ii) Nicolás Maduro：マドゥロ（1962–）2013年のチャベスの死去により、チャベスの後継者としてベネズエラの大統領に就任し、長期政権を確立させている。

📖 Vocabulario

(1)	catarata	大きな滝
(2)	litoral	沿岸地方
(3)	expropiaciones	収用
(4)	control de cambios	為替管理
(5)	PDVSA (Petróleos de Venezuela S. A.)	ベネズエラ国営石油会社
(6)	por completo	完全に
(7)	cuadruplicó	4倍にした（cuadruplicarの直説法点過去形）
(8)	triplicó	3倍にした（triplicarの直説法点過去形）
(9)	enriquecerse	豊かになる
(10)	se apropió	手に入れた、自分のものにした（apropiarse）
(11)	proporcionar	与える
(12)	redujo	減らした（reducirの直説法点過去形）
(13)	provocó	起こした（provocarの直説法点過去形）
(14)	fue sucedido por ～	～に引き継がれた
(15)	ingresos	収入（複数で）
(16)	por lo tanto	したがって
(17)	recaudar	徴収する
(18)	impuestos	税金
(19)	se cobraban	徴収されていた（cobrarseの直説法線過去形）
(20)	imprimir	印刷する
(21)	papel moneda	紙幣
(22)	tasa de inflación	インフレ率
(23)	alimentos	食料
(24)	escaseaban	不足していた（escasearの直説法線過去形）
(25)	prestar servicios	サービスを提供する
(26)	se estaba quedando sin alimentos ni gasolina	食料もガソリンもなくなりつつあった（quedarse sin ～ ni... ～も…もなくなる）

(27)	se devaluó	価値が下がった（devaluarse の直説法点過去形）
(28)	bruscamente	突然
(29)	según los expertos	専門家によると
(30)	dolarización	ドル化

💬 Preguntas

1. ¿Cuáles son las atracciones turísticas más famosas de Venezuela?

2. ¿Cuáles son las causas de la crisis económica de Venezuela?

3. ¿Cómo se llama la principal empresa petrolera de Venezuela?

4. ¿Cuáles fueron los principales programas de gobierno de Chávez?

5. ¿Cuántas empresas privadas fueron expropiadas durante el gobierno de Chávez?

6. ¿Qué hizo Chávez con PDVSA y con las empresas expropiadas?

7. ¿Quién sucedió al presidente Chávez después de su muerte?

8. ¿Qué soluciones adoptó el presidente Maduro para resolver los problemas económicos de Venezuela?

9. ¿Cuáles fueron las causas de las medidas económicas adoptadas por el presidente Maduro?

10. ¿Por qué abandonaron el país tantos venezolanos?

著者紹介

岩崎ラファエリーナ（いわさき・らふぁえりーな）
　ジャーナリスト、静岡大学・東海大学・常葉大学非常勤講師
牛島万（うしじま・たかし）
　京都外国語大学教授

鳥瞰する世界のスペイン語圏

2025 年 2 月 1 日　印刷
2025 年 2 月 10 日　発行

著　者ⓒ　　岩崎ラファエリーナ
　　　　　　牛　島　　万
発行者　　　岩　堀　雅　己
印刷所　　　開 成 印 刷 株 式 会 社

発行所　101-0052 東京都千代田区神田小川町 3 の 24
　　　　電話 03-3291-7811（営業部）, 7821（編集部）　株式会社　白水社
　　　　www.hakusuisha.co.jp
　　　　乱丁・落丁本は、送料小社負担にてお取り替えいたします。

振替 00190-5-33228　　　Printed in Japan　　　株式会社ディスカバリー

ISBN978-4-560-09959-9

▷本書のスキャン、デジタル化等の無断複製は著作権法上での例外を
除き禁じられています。本書を代行業者等の第三者に依頼してスキャ
ンやデジタル化することはたとえ個人や家庭内での利用であっても著
作権法上認められていません。

辞典

スペイン語大辞典
山田善郎／吉田秀太郎／中岡省治／東谷穎人 監修

わが国初の本格的大辞典．見出語数 11 万．基本語や重要語は詳述，イスパノアメリカやスペインの地方語も多数収録し，百科事典項目も掲載した，西和の最高峰．
A5変型　2442 頁　定価 27500 円（本体 25000 円）

現代スペイン語辞典（改訂版）
宮城　昇／山田善郎 監修
オールラウンドな西和辞典．収録語数 46500．
（2色刷）B6変型　1524 頁　定価 4400 円（本体 4000 円）

スペイン語ミニ辞典　西和＋和西（改訂版）
宮本博司 編
いつでもどこでもすぐに使える西和＋和西．
（2色刷）B小型　665 頁　定価 3080 円（本体 2800 円）

入門・初級文法

スペイン語のしくみ《新版》
岡本信照 著
B6変型　146 頁　定価 1540 円（本体 1400 円）

わたしのスペイン語　32のフレーズでこんなに伝わる
下田幸男 著
（2色刷）
A5判　159 頁　定価 1870 円（本体 1700 円）【CD付】

ニューエクスプレスプラス スペイン語
福嶌教隆
（2色刷）
A5判　161 頁　定価 2310 円（本体 2100 円）【CD付】

新版 スペイン語の入門
瓜谷良平／瓜谷 望 著
（2色刷）
四六判　335 頁　定価 2530 円（本体 2300 円）【CD付】

スペイン語文法ライブ講義！
加藤伸吾 著／A・M・マルティン 協力
A5判　212 頁　定価 2090 円（本体 1900 円）

問題集

極める！スペイン語の接続法ドリル
菅原昭江 著
A5判　243 頁　定価 2640 円（本体 2400 円）

極める！スペイン語の動詞ドリル
菅原昭江 著　【CD付】
A5判　251 頁　定価 2750 円（本体 2500 円）

極める！スペイン語の基本文法ドリル
菅原昭江 著
A5判　254 頁　定価 2420 円（本体 2200 円）

極める！スペイン語の語彙・表現ドリル
菅原昭江 著
A5判　249 頁　定価 2530 円（本体 2300 円）

スペイン語力養成ドリル 2000題
加藤伸吾 著
A5判　174 頁　定価 1870 円（本体 1700 円）

スペイン語実力問題集（新装版）
坂本　博 著　【CD付】
A5判　146 頁＋別冊解答　定価 1980 円（本体 1800 円）

解きながら増やす スペイン語ボキャブラリー練習帳
佐々木克実 著
四六判　157 頁　定価 1980 円（本体 1800 円）

中級

中級スペイン文法
山田善郎 監修
A5判　640 頁　定価 6820 円（本体 6200 円）

中級スペイン語 読みとく文法［新装版］
西村君代 著
四六判　184 頁　定価 2750 円（本体 2500 円）

日本語と比べるスペイン語文法
三好準之助 著
四六判　233 頁　定価 2420 円（本体 2200 円）

スペイン語動詞の決め技
エミリオ・ガジェゴ／山本浩史 著
四六判　203 頁　定価 2090 円（本体 1900 円）

詳説スペイン語文法
福嶌教隆／フアン・ロメロ・ディアス 著
A5判　340 頁　定価 3630 円（本体 3300 円）

熟語集・語源・表現・手紙

例文で覚える スペイン語熟語集
髙橋覚二／伊藤ゆかり 著
四六判　207 頁　定価 2530 円（本体 2300 円）

スペイン語の語源
岡本信照 著
四六判　269 頁　定価 3520 円（本体 3200 円）

ホームステイのスペイン語
立岩礼子 著　【CD付】
四六判　170 頁　定価 2420 円（本体 2200 円）

スペイン語の感情表現集
佐竹謙一／佐竹パトリシア 著
A5判　215 頁　定価 2860 円（本体 2600 円）

新版 スペイン語の手紙　Eメールと手紙の書き方
木下　登 著
A5判　236 頁　定価 2420 円（本体 2200 円）

重版にあたり，価格が変更になることがありますので，ご了承ください．

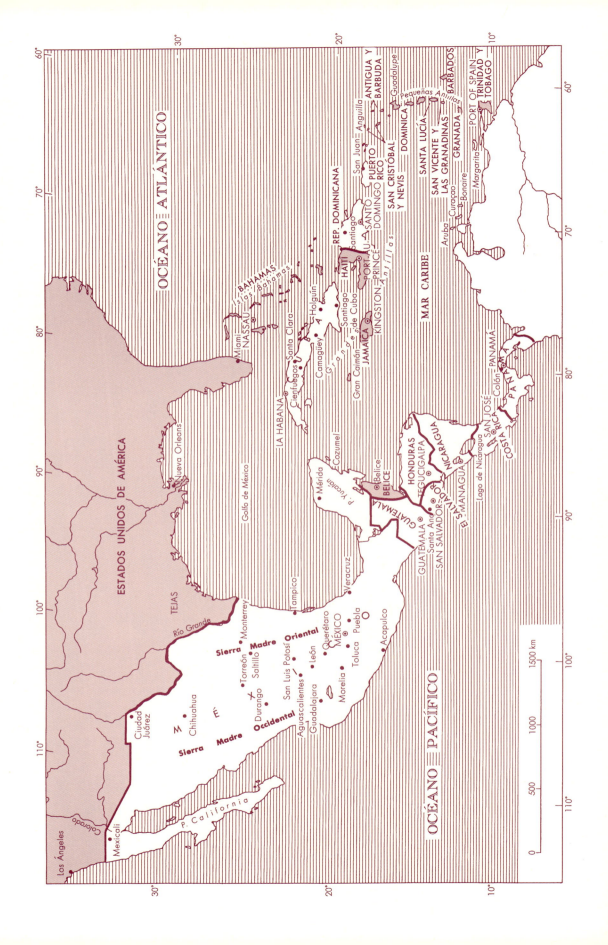